0 1 2 3 4

4. Wie stehen Sie der Zukunft gegenüber?

46. Ich mache mir oft Sorgen darüber, was in der Zukunft alles auf mich zukommen könnte.

47. Sobald ich eine Aufgabe beendet habe, beginne ich mir über die Dinge Sorgen zu machen, die sonst noch anstehen.

48. Ungewohnte Situationen machen mir Angst.

49. Ich schlafe schlecht ein, weil mir so viel im Kopf herumgeht.

50. Meine Gedanken drehen sich meist um die Zukunft; ich kann mich nicht am Hier und Jetzt erfreuen.

51. Ich mache mir Gedanken um mögliche künftige wirtschaftliche, soziale oder ökologische Katastrophen.

52. Wenn jemand eine Verabredung nicht einhält, stelle ich Spekulationen darüber an, was Schlimmes passiert sein könnte.

53. Ich kann mir nicht vorstellen, frei von Sorgen zu sein.

54. Ich frage mich, ob ich anderen wirklich trauen kann.

55. Ich mache mir Sorgen darum, ob das Geld reichen wird.

56. Ich denke oft daran, wie es sein wird, wenn ich alt bin, und fürchte mich davor, dann vielleicht krank und hilflos zu sein.

57. Ich kann schlecht abschalten, bin immer in »Habachtstellung«.

58. Ich bange um meinen Job.

59. Ich mache mir Sorgen um das Wohlbefinden meiner Lieben.

60. Ich will alles vorab planen, spontan sein liegt mir nicht.

3. Wie sehr lassen Sie sich von Vergangenem lenken?

31. Wenn ich nachts aufwache, grüble ich darüber nach, was in meinem Leben schiefgelaufen ist.

32. Ich mache mir nach falschen Entscheidungen lange Vorwürfe.

33. Ich denke, dass die wichtigen Weichenstellungen in der Kindheit passieren und man später nichts mehr ändern kann.

34. Ich glaube, dass man Schlimmes, was einem zugestoßen ist, nie wirklich überwinden kann.

35. Wenn ich woanders aufgewachsen wäre, hätte ich vielleicht eine Chance gehabt, glücklich zu werden.

36. Die meisten anderen waren und sind mir nicht wohlgesonnen.

37. Ich habe oft Rachegedanken.

38. Eine schreckliche Kindheit prägt einen fürs ganze Leben.

39. Wenn das Leben mir nicht so übel mitgespielt hätte, wäre ich jetzt ein ganz anderer Mensch.

40. Ich finde mein bisheriges Leben im Rückblick deprimierend.

41. Wenn mich jemand gekränkt hat, denke ich noch lange danach häufig daran und würde es ihm am liebsten heimzahlen.

42. Es fällt mir schwer, mich von vergangenem Kummer zu lösen.

43. Es gibt Personen oder Situationen, die ich meide, weil dann unangenehme alte Erinnerungen hochkommen würden.

44. Wegen dem, was ich in der Vergangenheit falsch gemacht habe, plagen mich heute noch Schuldgefühle.

45. Das Schicksal ist ungerecht mit mir umgesprungen.

DIE GU-QUALITÄTS-GARANTIE

Wir möchten Ihnen mit den Informationen und Anregungen in diesem Buch das Leben erleichtern und Sie inspirieren, Neues auszuprobieren. Bei jedem unserer Produkte achten wir auf Aktualität und stellen höchste Ansprüche an Inhalt, Optik und Ausstattung. Alle Informationen werden von unseren Autoren und unserer Fachredaktion sorgfältig ausgewählt und mehrfach geprüft. Deshalb bieten wir Ihnen eine 100 %ige Qualitätsgarantie.

Darauf können Sie sich verlassen:
Wir legen Wert darauf, dass unsere Gesundheits- und Lebenshilfebücher ganzheitlichen Rat geben. Wir garantieren, dass:
• alle Übungen und Anleitungen in der Praxis geprüft und
• unsere Autoren echte Experten mit langjähriger Erfahrung sind.

Wir möchten für Sie immer besser werden:
Sollten wir mit diesem Buch Ihre Erwartungen nicht erfüllen, lassen Sie es uns bitte wissen! Wir tauschen Ihr Buch jederzeit gegen ein gleichwertiges zum gleichen oder ähnlichen Thema um. Nehmen Sie einfach Kontakt zu unserem Leserservice auf. Die Kontaktdaten unseres Leserservice finden Sie am Ende dieses Buches.

GRÄFE UND UNZER VERLAG
Der erste Ratgeberverlag – seit 1722.

KGS

INHALT

SIGRID ENGELBRECHT

ICH!
DREI BUCHSTABEN,
DIE IHR LEBEN VERÄNDERN

SIGRID ENGELBRECHT

Bestsellerautorin, Dipl.-Designerin, Mental- und Wellnesstrainerin und Gute-Laune-Coach. Sie ist seit über 25 Jahren freiberuflich tätig, leitet Workshops und Seminare mit den Schwerpunkten Kreativität, Stimmungs- und Selbstmanagement. 2015 erwarb sie den Master of Arts im Kreativen und Biografischen Schreiben und lässt die Impulse daraus in ihre Arbeit einfließen. In der Reihe »Lass los« hat sie für den Gräfe und Unzer Verlag bereits mehrere erfolgreiche Bücher geschrieben.

»Verändern Sie sich. Jetzt.«

SIGRID ENGELBRECHT

EIN WORT ZUVOR

Was zeichnet eigentlich Menschen aus, die selbstbewusst ihren Weg gehen und auch in schwierigen Zeiten den Kopf oben behalten? Es ist dies: Sie mögen sich selbst, sie vertrauen in das eigene Können und sie gestehen sich auch Schwächen zu. Wer so selbstbewusst ist, ist auch überzeugt, einen Platz im Leben zu haben und etwas bewirken zu können.

Wohl niemand bleibt von gelegentlichen Selbstzweifeln verschont, doch wenn sie überhandnehmen, können sie uns erheblich blockieren. Dazu kommen oft belastende Erinnerungen und bohrende Sorgen: um uns selbst, um die Familie, um den Arbeitsplatz, um die Gesundheit, um die Umwelt … Angesichts dieser Sorgenflut fühlen viele sich schwach und machtlos. Doch was tun?

Ein stabiles Selbstbewusstsein zu entwickeln ist der Weg, um aus Zaghaftigkeit, Grübeleien, lähmenden Selbstzweifeln und Sorgen herauszukommen. Dabei ist Geduld gefragt und es bedarf einer gewissen Beharrlichkeit.

Mit den Übungen, Tipps und Inspirationen in diesem Buch finden Sie wieder den Zugang zu Ihren persönlichen Qualitäten und versöhnen sich mit Ihren Fehlern und Schwächen. Dann können sich Sorgen und Befürchtungen nicht mehr Ihres Denkens und Fühlens bemächtigen. Statt zu grübeln über »Was wäre gewesen, wenn ...«, bestärke ich Sie mithilfe von zielführenden Strategien, voller Selbstvertrauen das Hier und Jetzt anzunehmen und lohnende Ziele anzupeilen.

Mit vielen guten Wünschen,
Ihre

Sigrid Engelbrecht

WAS SIND
SIE SICH WERT?

*Wenn wir ein starkes Selbstbewusstsein
entwickeln wollen, ist es wichtig, dass wir
belastende Gedanken in den Griff
bekommen, uns selbst annehmen
und uns selbst vertrauen.*

DIE DREI SÄULEN DES SELBSTWERTGEFÜHLS

Wie wir uns selbst erleben, hängt stark von dem inneren Bild ab, das wir von uns selbst haben, von dem, was wir uns zutrauen, und außerdem auch von der Resonanz, die unser Verhalten und wir selbst als Person bei anderen Menschen hervorrufen.

Wenn unser Selbstbild und das Bild, das andere von uns haben, übereinstimmen und beides von Wertschätzung geprägt ist, dann tut dies unserem Selbstwertgefühl gut. Dann fühlen wir uns wohl, sicher und akzeptiert. Dissonanzen zwischen Selbst- und Fremdwahrnehmung lösen dagegen Unsicherheit aus:

- Haben wir ein positives Bild von uns selbst, stoßen aber in unserem Umfeld auf Geringschätzung oder Ablehnung, fühlen wir uns missachtet und verkannt.
- Haben wir von uns selbst den Eindruck, unzulänglich zu sein, erhalten aber von anderen viel Anerkennung, können wir dies nicht richtig annehmen, sondern fühlen uns wie Hochstapler.

UNSER SELBST-WERT-GEFÜHL

Selbst: Dies ist unsere unverwechselbare Persönlichkeit. Mit unserem Selbst fühlen wir uns identisch und daran erkennen uns andere und unterscheiden uns von den Mitmenschen.

Wert: Der Maßstab, mittels dessen wir unsere Bedeutung als Mensch einschätzen und beurteilen – und mit dem umgehen, was andere von uns halten.

Gefühl: Die Art und Weise, wie wir unsere Umwelt und uns selbst empfinden und einschätzen und wie wir auf Reize und Impulse reagieren.

Aus gutem Grund heißt es daher nicht: »Selbstwertwissen«, sondern »Selbstwertgefühl«, denn es geht um eine subjektive, intuitive Wahrnehmung der eigenen Persönlichkeit.

1 SELBSTAKZEPTANZ

Wer sich selbst als wertvoll empfindet und sich zugleich in einem Umfeld bewegt, das dieses Gefühl bestätigt, der erlebt nichts Geringeres als die Erfüllung eines Menschheitstraums.

In Resonanz zu sein mit anderen, also wahrzunehmen und wahrgenommen zu werden, ist ein Grundbedürfnis, mit dem wir auf die Welt kommen. Jedoch werden wir als Kinder nicht einfach mit viel oder mit wenig Selbstwertgefühl geboren. Vielmehr entwickelt sich das Bewusstsein für sich selbst und für die eigene Bedeutung durch viele einfache und komplexe Erfahrungen in unserem sozialen Umfeld.

Dabei liegen die Urquellen unserer allerfrühesten Erfahrungen in den Blickkontakten zwischen Eltern und Kind. Über die Zuwendung, über das Lächeln und die Freude in den Augen der Eltern erfährt ein Baby sich selbst.

Unsere allererste Erfahrung von Selbstwertgefühl und Aufgehobensein in der Welt liegt also in der Resonanz, die wir empfinden. Wenngleich sich unser Selbstbild und damit auch unser Selbstwertgefühl das ganze Leben lang verändert, wird der Grundstein dafür doch in der frühen Kindheit gelegt.

Ich bin gut so, wie ich bin!

Babys orientieren sich emotional stark daran, von der Mutter und anderen Bezugspersonen liebevoll angenommen und versorgt zu werden. Beachtet und bejaht zu werden versichert uns schon im ersten Lebensjahr positiv unserer Existenz: So, wie ich bin, werde ich wahrgenommen, geliebt und geschätzt. Diese Erfahrung verankern wir in unserem »atmosphärischen Gedächtnis«, dem Teil des Gehirns, der für nonverbale Mitteilungen zuständig ist. Dort bleiben sie gespeichert und werden später unbewusst immer wieder neu abgerufen – und sie bestimmen ganz erheblich unser grundlegendes Lebensgefühl.

So verbinden wir diese Erfahrung des Angenommenseins später mit einer grundsätzlichen Selbstakzeptanz: Wir leben in der Gewissheit, dass wir als Person in Ordnung und willkommen sind – unabhängig davon, welche besonderen Vorzüge oder Nachteile wir mitbringen, unabhängig von Aussehen, Fähigkeiten und Leistungen.

Und wenn ich nicht gut so bin?

Ein Kind, das sich von seiner Familie abgelehnt oder nicht für voll genommen fühlt, das vernachlässigt oder häufig bestraft wird, kann dieses positive Gefühl für den eigenen Wert kaum entwickeln und in Konsequenz daraus wird es sich schließlich selbst ablehnen. Wer in seiner Kindheit zu wenig Beachtung und Zuwendung erhalten hat, wem früh signalisiert wurde, eine Last zu sein, der tut sich schwer mit der Selbstakzeptanz und fühlt sich später häufig auch von anderen abgewertet. Das Gegenteil von Beachtung, die Missachtung, hindert daran, Wertschätzung für sich selbst zu entwickeln. Besonders schwer ist es für Kinder, die ungewollt und unerwünscht zur Welt kamen, ihren Platz im Leben zu finden.

Selbstakzeptanz entsteht also zunächst über die Bestätigung durch andere. Mangelt es an Beachtung und bejahender Zuwendung und kommen noch frühe Erfahrungen der Ablehnung und Demütigung hinzu, kann dies zum sozialen Rückzug führen und dazu, sich selbst abzuwerten: »Ich bin es nicht wert, dass sich jemand um mich kümmert«, »Niemand mag mich«, bis hin zu der Überzeugung: »Besser, es gäbe mich nicht«. Betroffene beschließen manchmal auch, ihre Gefühle hinter einer Fassade zu verstecken, oder sie rächen sich mit Trotz und Aggression: »Ich schrei so lange, bis du auf mich reagierst!«

Darf ich der sein, der ich bin?

Wer mit Botschaften aufwuchs wie »Wegen dir muss ich mich einschränken«, »Du hättest ein Junge / Mädchen werden sollen« oder »So, wie du bist, kann ich dich einfach nicht lieben«, hat reines Seelengift mitbekommen.

2 SELBSTVERTRAUEN

Selbstakzeptanz ist das Element, auf dem Selbstvertrauen wachsen kann. Denn sie bezieht sich nicht auf sorgfältig ausgewählte Stärken, sondern umgreift die ganze Person, schließt also Fehler und Schwächen mit ein. So können wir aus einer Haltung der Selbstakzeptanz heraus neugierig sein, Dinge ausprobieren und Erfahrungen machen. Spielerisch und ohne den Zwang, alles richtig machen zu müssen.

Ich traue mir was zu

Etwa ab dem zweiten Geburtstag entdecken Kinder die Wörter »ich« und »mein«. Sie erkennen sich nun selbst als eigenständige Wesen und erweitern ihren Aktionsradius mehr und mehr. Um Erfahrungen mit sich selbst machen und das eigene Potenzial entwickeln zu können, müssen die Kinder sich ausprobieren und Erfahrungen sammeln. Auch dazu brauchen sie Resonanz, besonders von den Eltern und anderen nahen Bezugspersonen.

Ein gutes Selbstwertgefühl baut also zum einen auf der Erfahrung auf, okay und erwünscht zu sein, so wie man ist, und zum anderen auf der Überzeugung, sich selbst etwas zutrauen zu können.

Dazu kommt nun noch ein drittes Element: die kommunikative Kompetenz, die Art und Weise, wie wir mit anderen zurechtkommen und welchen Platz wir in der Gemeinschaft einnehmen.

KOMPONENTEN DES SELBSTWERTGEFÜHLS

3 KOMMUNIKATIVE KOMPETENZ

Sich in eine Gruppe einzufügen und den schwierigen Spagat zwischen der Individualität zum einen und den Regeln für Zugehörigkeit zum anderen zu meistern, das lernen wir als Kinder im Kontakt mit Gleichaltrigen im Kindergarten und in der Schule. Etwa ab dem dritten Lebensjahr fangen Kinder an, Beziehungen zu anderen einzugehen. Im Kindergarten und später in der Schule erleben sie sich als Bestandteil einer größeren Gruppe.

Ich nehme meinen Platz ein

Die Bewertung durch andere in der Gruppe wird in dieser Zeit wichtig, Kinder finden Freundinnen und Freunde, es kommt aber auch zu Rivalitäten, Rangeleien und Revierkämpfen. Hier geht es darum, ein Gefühl dafür zu entwickeln, wann es sinnvoll ist, sich abzugrenzen, wann man besser Kompromisse macht und wann man einfach auch mal mit den Wölfen heult. Die soziale Umwelt dient als Spiegel für die eigene Selbstwahrnehmung.

Wer sich auf Kosten der eigenen Vorstellungen und Maßstäbe den Erwartungen anderer unterordnet und zum chronischen Ja-Sager wird, dessen Selbstwertgefühl wird leiden. Sein Ansehen in der Gruppe ebenso, obwohl er sich doch durch seine Unterordnungsbereitschaft die Anerkennung und das Wohlwollen der anderen sichern will.

Andererseits: Wer zu »besonders« ist, gerät ebenfalls in Gefahr, ausgegrenzt, vielleicht sogar in eine Außenseiterposition gedrängt und damit gehänselt und gemobbt zu werden. So kann das Selbstwertgefühl ebenfalls einen Knacks abbekommen. Erfahrungen wie »Ich gehöre nicht dazu«, »Ich werde nicht akzeptiert«, »Ich habe keinen Platz hier« können überaus schmerzlich sein und uns noch als Erwachsene als hemmendes Grundgefühl begleiten.

> »Es erfordert ein starkes Selbstwertgefühl, sich eigene Minderwertigkeitsgefühle eingestehen zu können.«
>
> VIRGINIA SATIR

Auch als Heranwachsende erleben wir, dass unser Selbstwertgefühl wesentlich davon bestimmt wird, wie viel Beachtung, Wertschätzung und Anerkennung wir von anderen Menschen erfahren. Im Idealfall entwickeln wir dann Zug um Zug das Gefühl, dass wir so, wie wir sind, völlig okay sind, dass wir am richtigen Platz und auch nützlich und notwendig für die Welt sind.

UNSER VIELSCHICHTIGES SELBSTWERTGEFÜHL

Als wie wertvoll wir uns selbst empfinden und einschätzen, bemisst sich nicht nach ein für alle Mal festgelegten und in allen Situationen unseres Lebens gleichbleibenden Kriterien.

Je nach Situation und Umgebung, der Tagesform und den konkreten Herausforderungen verändert sich unser Selbstwertgefühl. Schließlich ist niemand eindimensional. Vielmehr ist die menschliche Persönlichkeit sehr komplex strukturiert und damit ist es auch unser Selbstverständnis.

So fordert der Alltag immer wieder ganz unterschiedliche Talente und Fähigkeiten von uns. Das hängt vor allem auch damit zusammen, dass wir ständig unterschiedliche soziale Rollen einnehmen. Meist ist es uns nicht einmal bewusst, dass wir täglich etliche Male von einer Rolle zur anderen wechseln.

Die Vielfalt unserer Rollen

Nehmen wir als Beispiel eine dreißigjährige Frau. Wenn sie an ihrem Arbeitsplatz als Ingenieurin ein Projekt leitet, sind von ihr andere Qualitäten gefordert als nach Feierabend, wenn sie sich mit ihrem Mann oder ihrem Kind unterhält. Ist sie in ihrer Freizeit Teil einer Sportmannschaft, spielt beispielsweise Volleyball, kommen dabei andere Fähigkeiten zum Einsatz als beim Elternsprechtag (siehe Grafik Seite 14).

Auch unterschiedliche Persönlichkeitsmerkmale und Selbsteinschätzungen kommen je nach Situation mehr oder weniger zum Tragen: Selbst wenn die junge Frau als Projektleiterin glänzt und auch als Mutter zu Recht ein gutes Bild von sich hat, verhält sie sich vielleicht als Elternsprecherin eher unsicher oder zurückhaltend und gehört auch im Volleyballteam nicht zu den tonangebenden Spielerinnen.

SELBSTKOMPLEXITÄT

Freundeskreis

Partnerschaft

Haushalt

Wandern

Volleyball

Ehefrau

Freizeit

Frau, 30 Jahre

Ingenieurin

Teammitglied

Mutter

Arbeitnehmerin

Elternsprecherin

Projektleiterin

Wechselnde Resonanz

Entsprechend unseren unterschiedlichen Rollen und deren jeweiligen Anforderungen setzt sich unser Selbstwertgefühl aus zahlreichen einzelnen Selbstbewertungen zusammen.

Dies spüren wir ständig. In Gegenwart mancher Menschen oder innerhalb bestimmter Gruppen fühlen wir uns als Person beachtet und geschätzt und können uns auf vertraute zwischenmenschliche Abläufe und Rituale verlassen; wir haben ganz einfach das Gefühl, wir selbst sein zu können. Im Kontakt mit anderen kommen wir uns dagegen eher unbedeutend oder abgewertet vor, suchen nach Halt und finden ihn nicht. Manchen Situationen fühlen wir uns gut gewachsen und handeln dann aus einer natürlichen Souveränität heraus, in anderen sind wir eher abwartend, sind unsicher und vorsichtig.

Da das Selbstwertgefühl also nicht einzig und allein auf dem »gefühlten Innen« beruht, sondern immer auch mit der Resonanz zu tun hat, die wir und das, was wir tun, in unserer Umgebung hervorrufen, muss es sich auch immer wieder aufs Neue einpendeln.

> *»Nur wenige wissen, dass die Fähigkeit, andere zu lieben, erst durch die Liebe zu sich selbst ermöglicht wird.«*
>
> WAYNE DYER

Veränderung ist möglich!

Glücklicherweise müssen die Einflüsse, aus denen sich bisher zu einem großen Anteil Ihr Selbstwertgefühl gespeist hat, nicht festlegen, wie Sie Ihr Leben künftig meistern werden. Sie sind nicht auf bestimmte Menschen oder eine bestimmte Umgebung, ein spezielles »Setting« angewiesen, um Sie selbst sein zu können und sich etwas zuzutrauen. Gibt Ihnen das nicht ein wunderschönes Gefühl der Unabhängigkeit?

Es ist also möglich, negative Überzeugungen über uns selbst und unnötig beziehungsweise unbrauchbar gewordene Verhaltensweisen zu korrigieren und nachhaltig zu verändern – sofern wir uns dazu entschließen und bereit sind, aktiv und konsequent etwas für dieses lohnende Ziel zu tun.

SORGEN UND SELBSTWERTGEFÜHL

Wie selbstbewusst wir sind und wie sehr wir vom eigenen Wert überzeugt sind, zeigt sich in der Art, wie wir mit unserem Körper und unseren Gefühlen umgehen, und es spiegelt sich vor allem auch in unserem Denken. Wer häufig angstvoll und zweifelnd in die Zukunft schaut und in dieser Haltung erstarrt, füttert damit die Zweifel an sich selbst und der eigenen Fähigkeit, Herausforderungen zu bewältigen. Doch sind Sorgen nicht etwas ganz Alltägliches? Natürlich. Niemand führt ein Leben, das völlig frei von Ängsten und Befürchtungen ist. Beunruhigendes gibt es schließlich in allen Größenordnungen, in den politischen, wirtschaftlichen und sozialen Rahmenbedingungen unseres Lebens ebenso wie in unserem persönlichen Zuhause und unserem unmittelbaren Umfeld – und somit hätten wir tagtäglich jede Menge Gründe dafür, uns Sorgen zu machen. Doch müssen wir uns deswegen zwangsläufig in einen Zustand andauernder innerer Unruhe hineinmanövrieren? Ganz sicher nicht.

SICH SORGEN KANN FOLGEN HABEN

Sorgen hinterlassen deutliche Spuren in Körper und Psyche:

▸ Wir stehen dauernd unter Strom.
▸ Wir können schlecht einschlafen oder wachen in der Nacht immer wieder auf.
▸ Wir haben Mühe, uns richtig auf etwas zu konzentrieren.
▸ Wir reagieren oft gereizt, wenn jemand ein Anliegen an uns hat.
▸ Wir sind andauernd müde und außergewöhnlich schnell erschöpft.
▸ Wir fühlen uns auch körperlich häufig angespannt und verkrampft.
▸ Wir nehmen das Schöne in unserem Leben nicht mehr wahr.
▸ Wir entwickeln einen »Tunnelblick«, konzentrieren uns einseitig auf das, was uns bedrückt und belastet.

SICH SORGEN ZU MACHEN IST ERLERNT!

Wie oft und wie intensiv wir uns Sorgen machen, haben wir irgendwann einmal erlernt und später hat es sich zur Gewohnheit verfestigt. Wenn ein Elternteil oder beide eine hohe Angstbereitschaft mitbringen und sich immer wieder viele Sorgen um die Zukunft machen, hat dies natürlich einen Einfluss darauf, wie wir selbst Geschehnisse wahrnehmen. Umso mehr, falls wir auch durch dieses »Lernen am Modell« noch verinnerlicht haben, dass »man eh nichts machen kann«. Wir nehmen dann Bedrohungen verstärkt wahr und entwickeln die generelle Einstellung dazu, dass wir wenig Einfluss auf ein Geschehen haben und am besten keine Risiken eingehen.

Anpacken oder ausweichen?

Mit Angst und Ungewissheit umgehen zu lernen ist einer der entscheidenden Schritte auf dem Weg zum Erwachsenwerden. Wer eine Balance zwischen Schutzbedürfnis und Eroberungslust gefunden hat und gelernt hat, auf die eigenen Kräfte und Fähigkeiten zu vertrauen, gewöhnt sich an, Schwierigkeiten als Herausforderungen zu verstehen: Der Einstieg in ein neues Projekt, eine Präsentation vor Publikum, die Führerscheinprüfung und selbst die erste eigene Steuererklärung werden als Chancen betrachtet, sich zu beweisen, dazuzulernen und sich weiterzuentwickeln. Angst und Unsicherheit zu überwinden ist Voraussetzung dafür, solche Situationen zu meistern. Jedes Erfolgserlebnis (»Ja, ich kann!«) stärkt dann Selbstvertrauen und Zuversicht.

Wer jedoch zu besonderer Vorsicht erzogen wurde und gelernt hat, Herausforderungen zu meiden, der vermeidet es auch später, dem, was Angst macht, ins Gesicht zu sehen. Wenn wir Schwierigkeiten schon im Vorfeld aus dem Weg gehen, kann sich die Problemlösekompetenz kaum entwickeln und wir fühlen uns vielen Situationen nicht gewachsen. Das nimmt uns die Zuversicht und schädigt unser Selbstwertgefühl.

> »Die Sorge verleiht kleinen Dingen einen großen Schatten.«
>
> SCHWEDISCHES SPRICHWORT

WIE DAS SORGENKARUSSELL LÖSUNGEN VERHINDERT

Wenn wir uns Sorgen machen, projizieren wir düstere Bilder in die Zukunft. Sorgengedanken bewegen sich stetig im Kreis – immer wieder aufs Neue die vermeintliche Katastrophe vorwegnehmend. Kaum verlassen sie einmal kurz unseren Fokus, schon kommen sie mit unverminderter Wucht zurück.

Wenn dieser Mechanismus im Gange ist, gibt es kaum mehr Platz für andere Gedanken. Ob das Sorgenbringerthema die Gesundheit ist, die Familie, die Finanzen, der Arbeitsplatz: Es scheint manchmal unmöglich, die rasante Fahrt der Befürchtungen anzuhalten und aus dem Sorgenkarussell auszusteigen.

Das Fatale daran ist, dass diese Katastrophenszenarien nichts zu einer Lösung beitragen, sondern uns mit jeder neuen Denkschleife mehr Kraft rauben. Wie können wir aus diesem Karussell der Befürchtungen aussteigen?

Die Kunst des lösungsorientierten Denkens

Was wir einst gelernt haben, lässt sich auch wieder verlernen. Was wir dazu brauchen, sind Methoden, die uns dabei helfen, Sorgenschleifen aufzulösen und durch lösungsorientierte Denkstrategien zu ersetzen.

Ab Seite 26 mache ich Sie mit fünf Schritten vertraut, die Sie dabei unterstützen, sorgenfreier zu leben.

ZU VIEL UND ZU WENIG SCHUTZ UND HILFE

Wenn wir uns als Erwachsene oft Sorgen machen, haben wir in der Kindheit wahrscheinlich eine der nachfolgenden beiden Vorerfahrungen im Umgang mit Angst gemacht. Vielleicht ist uns sogar beides widerfahren:

▸ Es war niemand da, der bei Gefahr Schutz und Trost bieten konnte.
▸ Wir wurden durch Übervorsicht daran gehindert, die Welt zu erkunden und dabei unser Selbstvertrauen zu erproben und zu stärken.

TESTAUSWERTUNG: WAS SIE SICH WERT SIND

Menschen, die ein starkes Gefühl von echter Wertschätzung für sich selbst entwickelt haben, wissen, was sie wollen, und sind nicht leicht zu verunsichern. Sie können mit den Anforderungen ihres Alltags angemessen umgehen und sie gehen ganz allgemein mit Zuversicht und Freude durchs Leben. Ein schwach ausgeprägtes Selbstwertgefühl dagegen macht unsicher und unzufrieden, drückt auf die Lebenslust und führt häufig auch dazu, dass ein Mensch sich im eigenen Körper nicht richtig zu Hause fühlt.

HALB VOLL ODER HALB LEER?

Ein starkes Selbstbewusstsein unterstützt Sie dabei, Chancen zu sehen und nutzen zu können, Lebens- und Arbeitsfreude zu entwickeln, aufgeschlossen für Neues zu sein und Entscheidungen souverän zu treffen. Dazu gehört auch eine gut ausgeprägte Frustrationstoleranz: sich von Schwierigkeiten oder negativem Feedback von anderen nicht in dem beirren zu lassen, was man selbst als gut und richtig erkannt hat.

Jemand, der solche Qualitäten und Überzeugungen in sich vereinigt, wirkt auf seine Umwelt souverän, selbstbewusst und überzeugend.

Wer dieses bejahende und zuversichtliche Gefühl für sich selbst und die eigenen Gaben nicht entwickeln konnte, bleibt angewiesen auf die Beachtung durch andere, auf deren Urteil und deren Sicht der Dinge.

ANSATZPUNKTE FÜR VERÄNDERUNG

Der Test vorn im Buch beziehungsweise die folgende Auswertung gibt Ihnen Hinweise darauf, wo Sie persönlich ansetzen können, um mehr innere Stärke zu entwickeln. Vergleichen Sie Ihre jeweiligen Gesamtpunktzahlen in den vier Bereichen. Möglicherweise haben Sie in einem Themenfeld besonders viele oder besonders wenige Punkte. Genauso gut kann es aber sein, dass Sie in zwei, drei oder sogar allen vier Bereichen ähnliche Summen erreicht haben. Je höher die Punktzahl insgesamt ist, desto stärker ist Ihr Selbstwertgefühl.

1. Vertrauen Sie sich und Ihren Fähigkeiten?

Über 50 Punkte

Glückwunsch! Ihr Selbstvertrauen ist sehr stabil. Sie haben eine gute Meinung von sich und gehen im Allgemeinen mit Energie und Zuversicht an Ihre Aufgaben heran. Dieses Buch kann Ihnen Tipps geben, wie Sie Ihr Selbstvertrauen noch weiter stärken und eventuelle Schwachpunkte beheben können.

31 bis 49 Punkte

Um Ihr Selbstvertrauen ist es in manchen Bereichen recht gut bestellt, doch gibt es auch immer wieder einmal Situationen, in denen es Ihnen nicht oder nur gegen große innere Widerstände gelingt, sich wichtig und wertvoll zu fühlen und Ihren Bedürfnissen und Wünschen gemäß zu handeln. Schauen Sie noch einmal auf den Testseiten nach, bei welchen Einschätzungen Sie niedrige Punktzahlen erreicht haben! Dies sind Ihre Entwicklungsgebiete. Konzentrieren Sie sich bei der Stärkung Ihres Selbstvertrauens auf jene der fünf Impulse im Buch, die spezielle Übungen und Tipps für Ihre Entwicklungsgebiete bereithalten.

16 bis 30 Punkte

Sie leben offenbar in etlichen Bereichen unterhalb Ihrer Möglichkeiten und haben viele brachliegende Potenziale, die es zu entfalten gilt! Es ist besonders wichtig für Sie zu lernen, sich Ihres Wertes häufiger bewusst zu werden und sich im Leben zu behaupten. Dabei kann dieser kleine Coach Sie gut unterstützen – doch Achtung: Da Sie vermutlich eine ganze Reihe negativer Überzeugungen über sich selbst und Ihren Platz in der Welt haben, sollten Sie für eine nachhaltige Veränderung auch eine Portion Geduld mitbringen!

0 bis 15 Punkte

Wahrscheinlich haben Sie viele negative Erfahrungen gemacht, die dazu führten, dass Sie heute generell schlecht über sich selbst denken und sich nur wenig zutrauen. Das muss aber nicht so bleiben: Sie können mit dem kleinen Coach viel selbst dafür tun, Ihr Selbstvertrauen zu stärken und auch mehr Lebensfreude zu entwickeln.

Gut wäre es, wenn Sie auf Ihrem Weg zu einem starken und tragfähigen Selbstvertrauen auch professionelle Unterstützung nutzen.

2. Wie stark orientieren Sie sich an anderen?

Über 50 Punkte

Herzlichen Glückwunsch! Sie handeln bereits in aller Regel nach Ihren eigenen Maßstäben und vertreten Ihre Meinung und Ihre Anliegen selbstsicher und souverän. Was andere über Sie denken, ist Ihnen weit weniger wichtig, als im Einklang mit Ihren eigenen Werten und Maßstäben zu handeln.

31 bis 49 Punkte

Meist denken und handeln Sie souverän und selbstbestimmt, doch gibt es da auch noch einige wunde Punkte – Situationen, in denen Sie sich viel weniger sicher fühlen als gewohnt. Sei es, dass Sie sich oft mit anderen vergleichen, Konflikten lieber aus dem Weg gehen oder man Sie in manchen Situationen leicht unter Druck setzen kann.

Gehen Sie diejenigen Einschätzungen auf den Testseiten noch einmal durch, bei denen Sie niedrige Punktzahlen erreicht haben.

Konzentrieren Sie sich bei der Stärkung Ihres Selbstvertrauens auf jene Impulse, die spezielle Übungen und Tipps für diese Punkte bereithalten.

16 bis 30 Punkte

Sie betrachten sich oft durch die Augen anderer – oder besser gesagt: so, wie Sie sich vorstellen, dass andere über Sie denken und urteilen könnten.

Für Sie ist es besonders wichtig, sich selbst mit allen Ecken und Kanten zu akzeptieren und eine wohlwollende, liebevolle Haltung sich selbst gegenüber zu entwickeln. Je besser Ihnen das gelingt, desto unabhängiger werden Sie von den Meinungen und Ansichten anderer. Dabei kann dieses Buch Sie bestens unterstützen.

0 bis 15 Punkte

Ihr Denken, Fühlen und Handeln werden stark vom Verhalten anderer bestimmt. So handeln Sie oftmals sogar im Widerspruch zu Ihren eigenen Bedürfnissen und Werten – nur um zu vermeiden, dass andere Menschen eine schlechte Meinung von Ihnen haben oder enttäuscht reagieren könnten. Das Buch unterstützt Sie dabei, unabhängiger zu werden.

Suchen Sie sich zur Festigung Ihres Selbstwertgefühls ruhig auch professionelle Unterstützung, die Ihnen weitere Trainingsmöglichkeiten bietet.

3. Wie sehr lassen Sie sich von Vergangenem lenken?

Über 50 Punkte

Glückwunsch! Sie bejahen das Hier und Jetzt und sind versöhnt mit dem, was hinter Ihnen liegt, im Guten wie im nicht so Guten. Wenn Sie zurückschauen, dann ohne zu hadern.

31 bis 49 Punkte

Vieles von dem, was Sie früher einmal wütend gemacht, beschämt oder verletzt hat, haben Sie bewältigt, sodass es keine Macht mehr über Ihr Denken, Fühlen und Handeln hat. Manches jedoch »arbeitet« immer noch in Ihnen, sodass Sie auf bestimmte Situationen empfindlich reagieren und in alte Verhaltensmuster zurückfallen.

Freuen Sie sich an dem, was Sie schon erreicht haben, und gehen Sie weiter auf dem Weg, vergangenem Schmerz seine Macht auf Ihr heutiges Leben zu entziehen. Konzentrieren Sie sich auf jene der Impulse im Buch, die Sie dabei unterstützen, mit dem, was irgendwann einmal gewesen ist, Frieden zu schließen.

16 bis 30 Punkte

Ihre Gedanken kreisen noch allzu oft um Dinge, die geschehen sind und die sich nicht mehr ungeschehen machen lassen. Das dämpft Ihr Wohlbefinden und Ihre Lebensfreude erheblich. Indem Sie einerseits vergangene Weichenstellungen als unkorrigierbar sehen und sich andererseits gegen die Konsequenzen auflehnen, beleben Sie den Konflikt immer wieder neu.

Versöhnung mit dem Gestern macht den Weg frei zu mehr Selbstbestimmung, Selbstvertrauen und Zuversicht. Dabei kann dieses Buch Sie wunderbar unterstützen.

0 bis 15 Punkte

Geschehnisse aus der Vergangenheit prägen Ihr Fühlen, Denken und Handeln sehr stark. So spielen Sie in Ihrer Fantasie oft bestimmte Szenen immer wieder von Neuem durch, häufig auch unter dem Vorzeichen, anderen etwas heimzahlen zu wollen. Das verstellt Ihnen den Blick auf das Jetzt und lässt Sie im »Jammertal« verharren. Der kleine Coach zeigt Wege auf, sich davon zu lösen und Ihre Achtsamkeit für das Hier und Jetzt zu schulen. Lassen Sie sich bei der Bewältigung gravierender schmerzvoller Lebensereignisse auch professionell unterstützen.

4. Wie skeptisch stehen Sie der Zukunft gegenüber?

Über 50 Punkte

Herzlichen Glückwunsch! Die Neigung, sich Sorgen über mögliche künftige Gefahren und Probleme zu machen, ist bei Ihnen nur gering ausgeprägt. Vielmehr sind Sie überzeugt davon, dass es für die meisten Probleme eine oder mehrere Lösungen gibt – auch dann, wenn Sie dies momentan noch nicht erkennen können.

31 bis 49 Punkte

Sich Sorgen zu machen ist Ihnen sehr vertraut. Sie haben erkannt, dass Sich-Sorgen im Sinne einer Vorsorge wichtig ist, um ungünstige Entwicklungen in der Zukunft frühzeitig zu erkennen und gegensteuern zu können. Manchmal tun Sie hier jedoch des Guten zu viel und sorgen sich auch um Gefahren, deren Eintreffen nur wenig wahrscheinlich ist, oder um Dinge, die Sie kaum oder gar nicht betreffen. In diesem Buch finden Sie viele Denkanstöße dazu, berechtigte von unnötigen Sorgen zu unterscheiden und Ihre Fähigkeit zum lösungsorientierten Denken und Handeln zu stärken.

16 bis 30 Punkte

Ängste und Sorgen trüben Ihren Alltag und beeinträchtigen damit häufig auch Ihr Wohlbefinden, Ihr Selbstvertrauen und Ihre Lebensfreude. Das erleben Sie dann so, als hätten Sie kaum Kontrolle über Ihre Gedanken und Gefühle. Stattdessen fühlen Sie sich dem ausgeliefert, was gerade an Befürchtungen auftaucht. Hier können Sie mithilfe der praktischen Übungen in diesem Buch ganz gezielt gegensteuern.

0 bis 15 Punkte

Das häufige Sich-Sorgen ist in Ihrem Alltag zu einer ständigen Sorgenbereitschaft geworden. Kaum hat sich eine Sorge erledigt, kommt schon die nächste um die Ecke. Dieses Buch kann Ihnen dabei helfen, aus der überbordenden inneren Alarmbereitschaft herauszufinden, und Sie anleiten, schädliche Muster gezielt zu verändern.

Doch wenn die Bereitschaft, sich Sorgen zu machen, sich bei Ihnen bereits sehr verfestigt hat und wenn sich schon körperliche Begleiterscheinungen des dauernden seelischen Drucks zeigen, ist es angeraten, sich therapeutische Unterstützung zu suchen.

SORGEN UND GRÜBELEI LOSLASSEN: 5 IMPULSE

*Die 5 Impulse in diesem Kapitel unterstützen
Sie dabei, aus dem Sorgenkarussell auszu-
steigen und wieder mehr Gelassenheit und
Zuversicht in Ihr Leben zu bringen.*

1 WAHRNEHMEN, WAS IST

Wenn wir uns bisher oft und um viele Dinge Sorgen gemacht haben, dann sind wir daran gewöhnt, einen besorgten Blick auf die Welt zu werfen: Ganz unwillkürlich checken wir immer erst mal ab, was so alles aus dem Ruder laufen könnte, wenn wir uns aus der Deckung wagen. Einen ständigen Kampf gegen unseren besorgten Blick zu führen und alles zu verdrängen, was sorgenschwere Gedanken auslösen könnte, würde unsinnig viel Kraft kosten und kaum dauerhaft etwas bewirken.

SORGEN DÜRFEN SEIN

Deutlich besser ist es, Ängste zuzulassen und uns dem zu stellen, was uns zu schaffen macht. Uns zuzugestehen, beunruhigt und besorgt zu sein, ist ebenso natürlich, wie sich Tränen zuzugestehen, wenn wir traurig sind, oder zu lachen, wenn wir uns freuen. Sorgen sind nichts, dessen man sich schämen oder das man gewaltsam aus dem Bewusstsein verbannen müsste. Sie dürfen sich Sorgen machen, so viel und so lange Sie wollen. Lassen Sie Ihre Sorgengedanken zu, wenn Sie sie loswerden wollen! Das mag zunächst paradox klingen. Aber ist es nicht so, dass sich Sorgen umso hartnäckiger aufdrängen, je nachdrücklicher wir bemüht sind, sie uns zu verbieten und sie wegzuschieben?

Nachfolgend finden Sie eine Reihe von Denkanstößen zum praktischen Üben, die Ihnen dabei helfen, die Gewohnheit des Sich-Sorgens besser zu verstehen, anders mit Ihren Sorgen umzugehen und diejenigen Sorgen loszulassen, die Ihnen keine positiven Impulse zum Handeln geben.

Nehmen Sie ein Heft oder ein Ringbuch, in dem Sie die Übungen schriftlich reflektieren können, oder legen Sie im Computer einen Ordner mit entsprechenden Dateien an. Dies ist Ihr Logbuch, das die Erforschung, die Veränderung und das Loslassen Ihrer Befürchtungen begleiten wird.

> »Man wandelt nur das,
> was man annimmt.«
>
> CARL GUSTAV JUNG

ÜBUNG

HEUTE MAL EIN SORGENFORSCHER!

•

Machen Sie ein kleines Experiment: Wenn sich die nächste Befürchtung in Ihren Kopf drängt, heißen Sie sie willkommen: als Untersuchungsobjekt. Sobald Ihr innerer Horizont einmal sorgenfrei ist oder wenn die Sorgen im Augenblick nicht so drückend erscheinen, wählen Sie für diese Übung etwas aus, das Sie normalerweise im Alltag häufig beunruhigt.

▸ Lassen Sie alle Sorgengedanken, die auftauchen, an sich vorbeiziehen, auch alle Befürchtungen und Ängste, die damit verbunden sind.

▸ Alle diese auftauchenden Sorgen dürfen Sie jetzt in aller Ruhe wahrnehmen. Sie sitzen nur da und lassen Ihre Gedanken kommen und gehen, drängen keinen Gedanken weg, halten aber auch keinen fest. Sie atmen ein und aus und sind einfach offen für das, was da kommt und geht.

▸ Was passiert, wenn Sie mit dieser Haltung einen Blick auf das werfen, was Sie gerade beunruhigt? Wie fühlen Sie sich, wenn Sie Ihre Sorgen einladen und bereit sind, sie ganz bewusst anzusehen und sie dann wieder ziehen zu lassen?

▸ Alles, was Sie bei der Übung wahrnehmen und fühlen, findet hinterher seinen Platz in Ihrem Logbuch. Schreiben Sie das Erlebte auf, alle Ihre Eindrücke und Gedanken.

Wenn Sie Sorgen als etwas Selbstverständliches erleben, wie den Regen draußen vor dem Fenster, als etwas, das kommt, aber auch wieder geht, haben Sie sie schon wesentlich entschärft. So kann es gut sein, dass die körperlichen Begleiterscheinungen, die sonst beim Sorgenmachen auftauchen, während der Übung schwächer waren als gewohnt.

DEN SORGEN AUF DER SPUR

Sie haben Mut bewiesen und sich Ihre Sorgen einmal in Ruhe angesehen. Verschaffen Sie sich als Nächstes einen Überblick darüber, wie häufig Sie Angst vor der Zukunft verspüren und was jeweils der Kern Ihrer Befürchtung ist.

Als passionierte Sorgenmacher nehmen wir oft nicht wahr, wie sehr große und kleine Befürchtungen uns bedrängen, da wir an das Sorgendickicht gewöhnt sind. Bevor wir jedoch etwas verändern können, müssen wir erst einmal mehr über das wissen, um das es geht. Dinge, die wir klar erkennen, ängstigen uns weniger als solche, die wir nur diffus als drohende Gefahr wahrnehmen. Denn wenn wir mutig hinschauen, bleiben wir handlungsfähig.

Sorgen wirken auch dann besonders verstörend, wenn wir die Übersicht verlieren, also viele offene Baustellen haben und nicht mehr wissen, was davon nun wichtig ist, was warten kann und was wir ganz vernachlässigen können. Stoßseufzer wie »Ich sehe den Wald vor lauter Bäumen nicht mehr« oder »Das wächst mir alles über den Kopf« bringen dies sehr passend zum Ausdruck.

ÜBUNG

DER SORGENREIGEN

Greifen Sie zu Logbuch und Stift oder tippen Sie los: Notieren Sie Ihre vorhandenen Befürchtungen, egal, worauf sie sich beziehen und wie wahrscheinlich das Wahrwerden des inneren Katastrophenszenarios auch immer sein mag. Stellen Sie sich nacheinander für jede Ihrer Sorgen folgende Fragen:

▸ Worüber sorge ich mich genau?
▸ Was hat die Sorge ausgelöst?
▸ Welche weiteren Befürchtungen verbinde ich mit der Sorge?

Formulieren Sie so klar wie möglich, was Sie beunruhigt (zum Beispiel, Ihr Sohn könnte dieses Jahr in der Schule sitzen bleiben), was die Sorge ausgelöst hat (zum Beispiel seine schlechten Noten) und welche inneren Bilder Sie für die Zukunft sehen, wenn das Befürchtete eintritt (zum Beispiel, dass er die Klasse ein zweites Mal nicht schafft und von der Schule fliegt, keinen Abschluss macht und daher keinen Ausbildungsplatz und später keinen Job findet. Dass er mit 30 immer noch bei Ihnen wohnt, zu trinken anfängt ...).

Greifen Sie ruhig tief in Ihre Sorgenkiste: Sie dürfen sich wie im oben genannten Beispiel ausmalen, was alles Schlimmes passieren könnte, wie es alle Bereiche Ihres Lebens überschatten wird. Sie dürfen übertreiben und auch völlig unwahrscheinliche Zusammenhänge herstellen.

Wenn Sie alles aufgeschrieben haben, was Sie momentan bedrückt, lassen Sie noch Platz für Befürchtungen, die Ihnen vielleicht nachträglich in den nächsten zwei bis drei Tagen einfallen. Schreiben Sie dann auch diese nieder und behandeln Sie sie auf die gleiche Weise, also indem Sie Ihre Befürchtungen weiterspinnen bis ins Absurde hinein.

Von der Seele geschrieben

Oft schafft schon das Aufschreiben dessen, was uns beunruhigt, eine gewisse Erleichterung. Statt dass es im Kopf hin und her rotiert, steht es nun in Worte formuliert da. Wichtig ist, das, was wir formuliert haben, und auch unsere damit verbundenen Gefühle zu würdigen – uns nicht dafür zu verurteilen, dass wir diese Gedanken und Befürchtungen hegen. Es ist einfach so. Es darf sein. Wir brauchen uns keine Vorwürfe zu machen (»Was bin ich bloß für ein Hasenfuß!«) und uns auch nicht zu maßregeln (»Das sollte mir alles nichts ausmachen«), denn das führt lediglich dazu, dass wir weiter gegen uns selbst kämpfen und Ängste sich weiter hochschaukeln können.

Unsere Sorgen dürfen wahrgenommen und ernst genommen werden. Wenn wir aufhören, dagegen anzukämpfen, und stattdessen die Sorgengedanken und entsprechenden Gefühle einmal wirklich zulassen, ihnen Raum geben, schaffen wir uns damit eine Grundlage, konstruktiver mit ihnen umzugehen als bisher. Auf diese Weise stärken wir letztlich unser Selbstvertrauen.

SORGENAUSLÖSER ERKENNEN

•

Legen Sie auf einem neuen Blatt / in einer neuen Datei eine Tabelle an. Mit ihrer Hilfe schaffen Sie sich eine Übersicht, um genauer zu ergründen, was Ihre Befürchtungen auslöst.

- ▸ Über die erste Spalte schreiben Sie: »Wann?«
- ▸ Die zweite Spalte übertiteln Sie mit: »Was?«
- ▸ Die dritte Spalte hat den Titel: »Wodurch ausgelöst?«
- ▸ Die vierte Spalte überschreiben Sie mit: »Wie intensiv?«

Beobachten Sie nun drei Tage lang, wann und zu welchen Gelegenheiten Ihnen die Sorgengedanken in den Sinn kommen.

Notieren Sie in der Spalte »Wann?« die jeweilige Uhrzeit und unter »Was?« einen Stichpunkt zum Inhalt der Sorge.

Unter »Auslöser« halten Sie fest, was Sie unmittelbar vorher wahrgenommen, gedacht oder getan haben. »Wie intensiv?« meint die Intensität der Gefühle, die der Sorgengedanke hervorruft. Diese Intensität schätzen Sie auf einer gedachten oder notierten Skala zwischen 1 und 5 ein. Dabei bedeutet 1 eine leichte Beunruhigung und 5 große Unruhe oder Angst, verbunden mit körperlichen Symptomen wie beispielsweise Herzklopfen, Schwindelgefühlen, Schwitzen, Muskelschmerzen, Magen-Darm-Beschwerden oder Schlafstörungen. Oft treten mehrere solcher Symptome gleichzeitig auf.

Richten Sie sich bei der Übung voll und ganz nach Ihren Gefühlen; es gibt hier kein »richtig« oder »falsch«. Wichtig ist ausschließlich, wie Sie all dies wahrnehmen. Beobachten Sie einfach aufmerksam, wie Ihr Körper und Ihre Seele jeweils auf die Sorgengedanken »antworten«.

Es gibt immer einen Auslöser

Falls in Ihrer bei der Übung links ausgefüllten Tabelle in drei Tagen viel zusammengekommen ist: Verzagen Sie nicht! Sie haben auf dem Weg zu größerer Klarheit Mut, Konzentration und Durchhaltevermögen bewiesen. Ihre Aufzeichnungen unterstützen Sie dabei, den Zusammenhang zwischen Sorgengedanken und ihren Auslösern genauer zu erkennen – etwa ob es eher ein aktuelles Geschehen ist, in dessen Schlepptau Sorgengedanken auftauchen, oder ob bestimmte Situationen oder Gegenstände zunächst Erinnerungen und dann Befürchtungen wachrufen.

Es scheint uns zwar oft so, als kämen Sorgengedanken einfach so aus dem Nichts, doch das stimmt nicht. Es gibt stets einen Auslöser. Ein Zwicken im Bauch kann Gedanken um die aufgeschobene Vorsorgeuntersuchung nach sich ziehen, und schon ist die Sorge nicht weit, das Ergebnis könne ungünstig ausfallen. Oder ein Blick in die Immobilienseiten in der Tageszeitung kann die Sorge aktivieren, dass Ihr Grundstück an Wert verliert oder Ihr Mietvertrag gekündigt wird.

Es gibt immer Auslöser in Form von ganz bestimmten Sinneseindrücken, die dann blitzschnell sorgenvolle Gedanken und Gefühle aktivieren. Gewöhnen Sie sich daher an, darauf zu achten, was jeweils geschehen ist, kurz bevor die Sorge sich gemeldet hat.

Sorgenthemen

Manche Sorgen machen wir uns nur zu ganz bestimmten Anlässen. Ist der Anlass vorbei und alles ist gut gegangen, verschwinden sie wieder. Andere Sorgen begleiten uns dauerhafter – sei es, dass sie zukünftige Ereignisse betreffen oder bestimmte Lebenssituationen, die immer wiederkehren, wie etwa Prüfungen, eine schwache Auftragslage bei Freiberuflern oder ein fortdauerndes Gesundheitsproblem.

Manche Sorgen beziehen sich auf Probleme, die prinzipiell lösbar wären (doch wir drücken uns vor der Entscheidung), andere auf Probleme, deren Lösung gar nicht möglich scheint, was ganz besonders an unserem Selbstvertrauen nagt. Alle Sorgen lassen sich entsprechend werten, wovon Sie sich gleich in der nachfolgenden Übung auf Seite 34 überzeugen können.

IM SORGENSTRUDEL

Erfahrene Sorgenmacher wissen, dass eine Sorge
selten allein kommt. Beim Stelldichein der Sorgen
gehen reale Befürchtungen und irrationale Ängste
Hand in Hand.

unerledigt

STAU

Besonders
nachts, wenn wir uns
am wenigsten dagegen
wehren können, stehen die
kleinen und großen
Sorgen Schlange und
peinigen uns.

HIERARCHIE DER SORGEN

•

Betrachten Sie Ihre Aufzeichnungen aus der vorangegangenen dritten Übung (siehe Seite 30):
► Welche Sorgen tauchen besonders häufig auf?
► Welche bringen Ihre Gefühle am stärksten in Aufruhr?
► Welche sind »Neben-Sorgen«, die nur gelegentlich auftauchen und Sie insgesamt nicht sonderlich intensiv beschäftigen?

Der Frage, inwieweit die hinter der Sorge stehenden Probleme Ihnen lösbar erscheinen oder nicht, widmen wir uns später. Tragen Sie in Ihr Logbuch nun zunächst die folgenden drei Überschriften ein:
► Häufigste Sorgen: Unter dieser Überschrift versammeln Sie diejenigen Sorgen, die Ihnen besonders oft in den Kopf kommen.

► Am meisten quälende Sorgen: Das ist der Platz für diejenigen Ihrer Sorgen, die Ihr inneres Gleichgewicht am heftigsten ins Schwanken bringen, sei es in Form von belastenden Angstgefühlen oder als körperliche Begleiterscheinungen (siehe Seite 30).
Wenn es Sorgen gibt, die sowohl besonders häufig als auch besonders quälend sind, schreiben Sie diese in beiden Kategorien auf.
► Neben-Sorgen: Hier schreiben Sie diejenigen Sorgen hin, die Ihnen seltener in den Kopf kommen, schnell wieder abziehen und keine oder nur leichte Anspannung mit sich bringen.
Betrachten Sie nun Ihre Aufzeichnungen. Gibt es bestimmte Themen, die Ihre Listen dominieren? Falls ja, unter welcher Überschrift könnten Sie sie zusammenfassen?

2 SORGEN AUF DEN GRUND GEHEN

Es ist leichter, Sorgen zu bewältigen und viele der mit ihnen verbundenen Probleme zu lösen, wenn wir zwischen wichtig und weniger wichtig einerseits und zwischen lösbar und nicht lösbar andererseits unterscheiden. Wenn wir versuchen, uns auf alle unsere Sorgen gleichzeitig zu konzentrieren, fühlen wir uns zwangsläufig konfus, gestresst und überlastet und finden auch in der Nacht keine Ruhe mehr. Auf diese Weise wird das lähmende Gefühl der Hilflosigkeit zum Dauergast.

Außerdem blockiert die Beschäftigung mit Sorgen, die sich auf weniger Wichtiges oder auf Unlösbares richten, häufig die Konzentration auf die Dinge, die wir ganz konkret anpacken könnten.

LÖSBAR ODER UNLÖSBAR?

Leider nimmt es uns niemand ab zu bewerten: Welche Befürchtung verdient es, dass wir uns ihr widmen? Welche Sorge können wir dagegen vernachlässigen? Doch es gibt zwei zuverlässige Kriterien, die uns dabei helfen, uns in dem Sorgendickicht zu orientieren.

1. Manche Dinge, um die wir uns Sorgen machen, können gravierende existenzielle Auswirkungen haben, bei anderen hingegen sind die Konsequenzen weit weniger dramatisch.

2. Sorgen können sich auf lösbare Probleme, aber auch auf unlösbare Probleme beziehen. Bei Ersteren geht es darum, Lösungswege zu finden, bei den anderen geht es darum, die mit ihnen verbundenen Befürchtungen besser in den Griff zu bekommen. Zwar hängt es auch hier von der individuellen Bewertung ab, ob wir ein Problem als lösbar oder unlösbar einstufen, doch in den meisten Fällen lässt sich das gut einschätzen. Aber auch für die sowohl gravierenden als auch für die unlösbar erscheinenden Probleme gibt es oft einen Anteil an Handlungsmöglichkeiten, selbst wenn dieser recht klein sein kann. Beispielsweise haben Sie es natürlich nicht in der Hand, ob Ihr Arbeitgeber in Konkurs gehen wird – doch Sie können sich für diesen Fall durchaus alternative Lösungen überlegen. Das ist besser, als nachts wachzuliegen.

LÖSBARE UND UNLÖSBARE PROBLEME

Wenden Sie sich noch einmal Ihren Aufzeichnungen aus der Übung von Seite 34 zu, wo Sie Ihre Sorgen in häufigste, quälendste und Neben-Sorgen unterteilt haben. Es geht nun jedoch mehr um Ihre intuitive Einschätzung, Ihr »Bauchgefühl«, als darum, die perfekte Zuordnung zu finden: Sie brauchen hierfür einen rot schreibenden Stift und einen blau schreibenden.

► Unterstreichen Sie diejenigen Sorgen in den drei Rubriken rot, die Ihrer Einschätzung nach bei einem negativen Ausgang existenzielle Probleme nach sich ziehen würden (beispielsweise eine schwere oder gar tödliche Krankheit, eine Insolvenz ...).

► Mit dem blauen Stift unterstreichen Sie nun diejenigen Ihrer Befürchtungen, deren Ausgang Sie durch Ihr eigenes Entscheiden und Handeln beeinflussen können.

Natürlich können bei manchen Sorgen beide Stifte zum Einsatz kommen.

Diejenigen Sorgen, die sowohl rot als auch blau unterstrichen sind, sollten Sie als Erste anvisieren.

Die nur blau unterstrichenen Sorgen sind Kandidaten für ein späteres Training im Problemlösen.

All jene, die nur rot unterstrichen sind, sind Kandidaten fürs Loslassen. Wenn Sie gegen eine existenzielle Bedrohung nichts tun können, kann es nur um eines gehen: zu lernen, besser mit den entsprechenden Ängsten und Befürchtungen umzugehen.

Auch jene Sorgen, die gar nicht unterstrichen sind, können Sie loszulassen üben. Denn wenn Ihr Handlungsspielraum gleich null ist, können Sie zumindest entscheiden, ob Sie ständig daran denken wollen oder Ihre Zeit lieber anders verbringen.

SORGEN GESTERN UND HEUTE

Drehten sich früher die Sorgen der Menschen in unserem Kulturkreis konkret ums Überleben, beispielsweise darum, wie die Ernte ausfallen und ob ein harter Winter bevorstehen könnte, kreisen laut Umfragen die Befürchtungen heute am häufigsten um den Arbeitsplatz, die Kinder, die Gesundheit, die Finanzen sowie darum, mit technischen und strukturellen Veränderungen im Job nicht zurechtzukommen oder im Alter nicht ausreichend abgesichert zu sein.

Wie ist es Ihnen mit der Übung auf Seite 36 ergangen? Manche Einschätzungen waren sicher leicht zu treffen, bei anderen hatten Sie vielleicht Schwierigkeiten, sich festzulegen.

Lösbare Probleme von unlösbaren zu unterscheiden ist eine wichtige Fähigkeit. Auch zu definieren, was ein existenzielles Problem für uns darstellt, erfordert einiges Abwägen. Sie befürchten zum Beispiel, Ihr Partner könnte Sie verlassen? Dies stellt für Sie ein existenzielles Problem dar, wenn Sie glauben, ohne ihn nicht leben zu können. Doch haben Sie zum einen Handlungsspielraum: Sie können reden, Unstimmigkeiten klären und nach Wegen suchen, die Beziehung neu zu beleben. Hier handelt es sich also um ein möglicherweise lösbares Problem. Hilfreich ist es zum anderen in jedem Fall, auf eigene innere Ressourcen, also Fähigkeiten, Talente und Erfolgserlebnisse zurückzugreifen (siehe ab Seite 71).

Haben Sie jedoch immer wieder die Befürchtung, der Partner könnte verunglücken oder schwer erkranken, haben Sie wenig Handlungsspielraum, denn weder Unfälle noch Krankheiten lassen sich völlig ausschließen.

»Wer die Zukunft fürchtet, verdirbt sich die Gegenwart.«

LOTHAR SCHMIDT

SICH AUF LÖSBARES KONZENTRIEREN

Die Herausforderung besteht bei unlösbaren Problemen darin, Angst und Ungewissheit auszuhalten und so weit wie möglich loszulassen. Stellen Sie Unlösbares vorläufig hintan und konzentrieren Sie sich auf das, was Sie beeinflussen können. Das hat drei Vorteile: Zum Ersten erobern Sie sich Ihre Handlungsfähigkeit zurück, statt sich im diffusen Sorgenstrudel hilflos zu fühlen. Zum Zweiten stärken die Lösungssuche und das aktive Handeln Ihre Zuversicht und Ihr Selbstvertrauen. Zum Dritten sind Sie durch das beherzte Anpacken dessen, was Sie lösen können, so beschäftigt, dass für Gedanken an unlösbare Probleme nur noch wenig Platz bleibt.

Sorge, was willst du mir sagen?

Sorgen haben immer eine Botschaft, fordern uns zum Denken und Handeln auf. Wenn Sie sich Sorgen machen, zeigen Sie Interesse am eigenen Wohlergehen und / oder dem der anderen. Sorgen vermitteln Ihnen, dass es gut wäre,

- etwas Entscheidendes zu verändern,
- etwas loszulassen,
- Ihre bisherigen Pläne und Strategien auf den Prüfstand zu stellen,
- jetzt zu handeln und das anzupacken, was Ihnen Angst macht,
- eine Entscheidung zu treffen,
- herauszufinden, wie Sie die Unsicherheit am besten aushalten.

Wenn Sie die Botschaften Ihrer Sorgen anschauen, schärfen Sie den Blick für Ihren jeweiligen Handlungsspielraum.

ALLES IN BEWEGUNG

Wenn Sie über die Lösung eines Problems nachdenken, setzen Sie sich doch dazu in Bewegung. Machen Sie beispielsweise einen Spaziergang oder fahren Sie Rad. Die körperliche Bewegung hilft sehr dabei, dass auch die Gedanken aus der Sackgasse heraus- und wieder in Bewegung kommen.

ÜBUNG

DIE BOTSCHAFT EINER SORGE

•

Wenn wir uns sorgen, wollen wir Gewissheit erlangen, Schaden von uns oder anderen abwenden. Wichtig ist, die Botschaft zu erkennen. Nehmen Sie Ihr Logbuch (siehe Seite 26) zur Hand und wählen Sie aus den Sorgen, die Ihnen häufig in den Sinn kommen, eine aus. Fragen Sie sich dann:

1. Wie lautet die Befürchtung, die hinter dieser Sorge steckt?

2. Was möchte meine Sorge für mich sicherstellen?

3. Wenn diese Sorge nicht da wäre, wie würde ich mich fühlen?

4. Von welchen Vorhaben hält mich die Sorge ab? Wovor soll sie mich schützen?

5. Gibt mir die Sorge zu verstehen, dass ich handeln sollte? Wenn ja: Was kann ich jetzt konkret tun?

Erforschen Sie Sorgenbotschaften

Angenommen, Ihre Sorge ist, dass Ihr Partner verunglücken könnte, weil er beruflich häufig unterwegs ist. Ihre Antworten zu den in der Übung notierten Fragen könnten dann zum Beispiel wie folgt lauten:

Zu 1: Ich habe Angst, ihn zu verlieren, allein zurückzubleiben und daran vor lauter Schmerz zu zerbrechen.

Zu 2: Diese Sorge will für mich sicherstellen, dass ich nicht das Gefühl habe, völlig untätig zu sein – die Sorge ist ein Beweis meiner Liebe.

Zu 3: Wäre diese Sorge nicht da, dann würde ich mich erleichtert und entspannt fühlen.

Zu 4: Solange diese Sorge mich beschäftigt, habe ich keine Kapazitäten frei, um die unangenehme, komplizierte Aufgabe X in Angriff zu nehmen.

Zu 5: Ich sollte mehr für mich selbst tun! Also nehme ich mein Hobby Y wieder auf und rufe bestimmte Freunde wieder mal an, um gemeinsam etwas zu unternehmen. Das gibt mir Kraft, bringt mich auf andere Gedanken und ich übertrage auch nicht mehr meine innere Unruhe auf meinen Partner.

DEN EIGENEN HANDLUNGS-SPIELRAUM ERKENNEN

Indem Sie Ihre Energie nicht dafür verwenden, Sorgen zu bekämpfen oder zu verdrängen, sondern dafür, ihnen auf den Grund zu gehen, können Sie zusehends deutlicher unterscheiden:

- Wo können Sie wirklich etwas tun, um einen befürchteten Schaden abzuwenden?
- Wo geht es einfach darum, Ungewissheiten besser zu ertragen und mit Unwägbarkeiten zu leben?

Schauen Sie noch mal in Ihr Logbuch: Was haben Sie sich dort zur Übung von Seite 36 notiert?

Letztlich kann jeder von uns jeden Tag von einer Katastrophe getroffen werden – doch nützt es irgendetwas, wenn wir uns deswegen immer wieder von Neuem Sorgen machen?

> »*In meinem Leben habe ich unvorstellbar viele Katastrophen erlitten. Die meisten davon sind nie eingetreten.*«
>
> MARK TWAIN

Indem Sie die Botschaft einer Sorge zu ergründen versuchen, erkennen Sie zudem auch deutlicher, welche Ihrer Sorgen völlig überflüssig sind – und zwar weil die Auswirkungen eines negativen Ausgangs für Sie zwar ärgerlich sein könnten, aber doch relativ gut zu verkraften wären.

... und dann ist doch alles anders gekommen!

Wenn Sie zu den eingefleischten Sorgenmachern gehören, sind Ihnen Ängste sicher nur allzu vertraut. Dabei war bestimmt so mancher Sorgenalarm auf Ihrem bisherigen Lebensweg sinnvoll, denn durch den Druck der aufflackernden Angst haben Sie sich in Bewegung gesetzt und etwas unternommen, um die bedrohliche Situation abzuwenden. Doch haben Sie nicht auch viele Stunden mit Befürchtungen verbracht und sich schlimme Ereignisse vorgestellt, die dann niemals eingetreten sind? Haben Ihre Sorgen Sie nicht oft unnötig in Angst und Anspannung versetzt, Ihnen die Freude am Augenblick verdorben und Sie schließlich mit einer gewissen inneren Leere zurückgelassen?

ÜBUNG

DIE ZWEI-JAHRES-PERSPEKTIVE

•

Denken Sie an das letzte und das vorletzte Jahr zurück und erinnern Sie sich an all die Dinge, die Ihnen damals Sorgen gemacht haben. Notieren Sie diese in Ihrem Logbuch. Formulieren Sie möglichst spontan, schreiben Sie einfach alles auf, was Ihnen in den Kopf kommt. Dann überlegen Sie:

► Welche Ihrer damaligen Befürchtungen quälen Sie auch heute noch? Gibt es für diese überhaupt eine Lösung oder handelt es sich um Dinge, deren Vorhandensein Sie schlicht und einfach akzeptieren sollten?

► Welche Ihrer damaligen Befürchtungen haben sich als gänzlich übertrieben oder unbegründet herausgestellt?

► Welche Ihrer Befürchtungen sind tatsächlich eingetroffen?

► Mit welchen dieser Ereignisse sind Sie dann trotz widriger Umstände fertig geworden?

► Bei welchen haben sich in positiver Hinsicht völlig überraschende Lösungen ergeben?

Wahrscheinlich spielen die meisten der damaligen Befürchtungen heute gar keine Rolle mehr in Ihrem Leben. Entweder haben sie sich als unbegründet erwiesen oder es gab eine Lösung. Könnte das nicht auch bei Ihren aktuellen Sorgen der Fall sein? Welche Lösungsstrategien haben sich damals bewährt, welche nicht?

Betrachten Sie Ihre Sorgenliste aus der Übung von Seite 30 und schätzen Sie ein, welche der aktuellen Befürchtungen wahrscheinlich nicht eintreten werden und mit welchen Sie sich zutrauen, fertig zu werden – indem Sie entweder die Unwägbarkeit vorübergehend aushalten oder die Situation durch gezieltes Entscheiden und Handeln positiv verändern.

WORST CASE – UND DANN?

In Situationen, in denen wir uns richtig intensiv Sorgen machen, neigen wir dazu, uns die allerschlimmsten vorstellbaren Konsequenzen mitsamt der entsprechend schauerlichen Details aus–zumalen. Auf dem Höhepunkt der gedachten Katastrophe brechen wir den inneren Film jedoch meist ab, weil wir glauben, unsere Gefühle dabei nicht länger auszuhalten. Wir lenken uns mit irgendetwas ab, doch nach Kurzem beginnt das Drama von vorn. Erneut baut sich das grauenvolle Katastrophenszenario vor unserem inneren Auge auf bis zu dem unerträglichen Punkt …

Wir denken die Befürchtung nicht zu Ende. Deshalb erleben wir auch kein in irgendeiner Form erlösendes »Danach«, sondern das Gefühl verfestigt sich, einer endlosen, schier unerträglichen Qual ausgesetzt zu sein. Wenn wir uns wieder und wieder mit solchen abbrechenden Untergangsszenarien beschäftigen, können wir uns häufig auf nichts anderes konzentrieren. Immer wieder blendet sich dann der Katastrophenfilm in unsere Wahrnehmung ein. Ganz egal, womit wir uns abzulenken versuchen, es will einfach nicht dauerhaft funktionieren. Wenn die Ablenkung vorüber ist, ist die Sorge wieder da. Wir versuchen, die quälende Sorge zu ersäufen: Funktioniert nicht, macht am nächsten Morgen nur Sorge plus Kater. Und auch wenn wir einfach nur so tun, als sei die Sorge nicht da, so holt sie uns unweigerlich in einem entspannten Moment wieder ein.

Standhalten statt fliehen

Wenn es also mit der Verdrängung offensichtlich nicht klappt, warum probieren wir es nicht einmal aus, dem Ganzen standzuhalten?

Die Erfahrung, ein Worst-Case-Szenario konsequent zu Ende denken zu können, ist deswegen so wichtig, weil wir dadurch ein Stück innere Souveränität zurückgewinnen.

Versuchen Sie es gleich mit der nächsten Übung. Selbst wenn es Ihnen beim ersten Mal nicht gelingt, bis zum »Storyende« durchzuhalten, geben Sie nicht auf. Beginnen Sie mit etwas harmloseren Vorstellungen und tasten Sie sich nach und nach in Ihrem Tempo auch an beklemmendere Szenarien heran.

ÜBUNG

WORST-CASE-SZENARIO (1)

●

Wählen Sie eine der Sorgen aus, die Sie momentan quälen, und konfrontieren Sie sich bewusst mit den einzelnen damit verbundenen Befürchtungen. Spielen Sie den Ernstfall durch – bis zum bitteren Ende. Sie bestehen die Prüfung nicht. Ihr Partner verlässt Sie. Ihr Kind schafft die achte Klasse nicht. Ihre Firma geht pleite.

Fragen Sie sich:

▸ Was wird sein, wenn es tatsächlich so kommt?

▸ Was befürchte ich genau?

▸ Was ist für mich das Schlimmste, das überhaupt passieren könnte?

Kein Denkverbot! Lassen Sie das gefürchtete Ende Ihres Worst-Case-Szenarios in Gedanken zu. Nehmen Sie die Bilder oder Szenen wahr, so, als würden Sie vor dem Fernseher sitzen und sich einen besonders grusligen Film anschauen.

Nehmen Sie wahr, dass Sie es jetzt im Moment aushalten, an die Katastrophe zu denken. Dass Sie vielleicht Herzklopfen oder ein flaues Gefühl im Magen verspüren, dass Sie aber trotzdem nirgendwohin flüchten.

Beenden Sie die Übung mit dem Satz: »Ja, es ist möglich, dass dies passiert.« Sie können ein gewisses Restrisiko nicht ausschließen, sondern nur akzeptieren.

Beglückwünschen Sie sich selbst dafür, dass Sie Ihre Befürchtung zu Ende gedacht haben – womöglich trotz heftiger Fluchtimpulse.

War der Drang, den inneren Gruselfilm einfach abzubrechen und in eines der gewohnten Ablenkungsmanöver zu flüchten, sehr stark? Dann sollten Sie sich gleich noch einmal dafür beglückwünschen, dass Sie trotzdem standgehalten haben.

AKTIV WERDEN

Wenn es uns gelingt, ein Worst-Case-Szenario konsequent zu Ende zu denken, müssen wir nicht mehr vor unseren eigenen Gedanken erschrecken und fliehen. Wir können uns außerdem schneller wieder entspannen, denn unsere innere Unruhe bleibt nur dann bestehen, wenn wir uns ständig gegen das Aufkommen unserer Ängste wehren – und damit auch immer wieder aufs Neue die Ausschüttung von Stresshormonen stimulieren.

Es stärkt uns also, wenn wir die Gedanken an eine mögliche Katastrophe nicht verdrängen, sondern uns ihnen ganz bewusst stellen. Denn wenn uns klar ist, wovor wir uns letztendlich konkret fürchten, können wir uns selbst helfen: Wir können etwas tun, das bewirkt, dass das Befürchtete weniger wahrscheinlich wird.

Ob wir jemals schwer erkranken werden, wissen wir nicht. Doch wir können vorbeugen, indem wir uns gesund ernähren, für Bewegung und erholsamen Schlaf sorgen und unsere Vorsorgetermine wahrnehmen. Hin und wieder werden wir also Ängste haben – aber wir müssen uns nicht automatisch von ihnen beherrschen lassen. Sobald wir aktiv werden, löst sich das lähmende Gefühl auf, einer Situation hilflos ausgeliefert zu sein.

INNERE SICHERHEIT ENTWICKELN

Manches lässt sich jedoch trotz aller Umsicht nicht verhindern. Einiges von dem, das uns Sorge bereitet, wird eintreffen, ganz egal, was wir tun oder lassen. Anderes hingegen werden wir vielleicht durch entschlossenes Handeln abwenden können. Darüber hinaus erweist sich manche Sorge im Nachhinein als völlig unbegründet.

Wichtig ist, dass Sie die innere Gewissheit erlangen: »Ich werde auf jeden Fall klarkommen, auch wenn der Worst Case eintreten sollte.« Dieses Selbstvertrauen festigen Sie dann immer mehr. Diese Gewissheit lässt sich nur erlangen, wenn Sie vor Katastrophenfantasien nicht weglaufen, sondern sich dem stellen, was Sie beunruhigt. Das können Sie gleich bei der folgenden Übung ausprobieren, für die Sie wieder Ihr Logbuch zur Hand nehmen.

ÜBUNG

WORST-CASE-SZENARIO (2)

•

Lassen Sie sich gedanklich wieder auf Ihr Katastrophenszenario ein. Alles hat genau den Verlauf genommen, den Sie befürchtet hatten. Sie sind durch die Prüfung gefallen. Ihr Partner hat jemand anderes. Ihr Kind muss die Schulklasse wiederholen. Ihre Firma ist bankrott. Was nun?

Fragen Sie sich:

► Was unternehme ich, um wieder Boden unter die Füße zu bekommen?

► Was kann mir helfen, mit der neuen Situation zurechtzukommen?

Schreiben Sie alles in Ihr Logbuch, was Ihnen dazu einfällt.

Schreiben Sie außerdem auf, welche funktionierenden Bereiche Ihres Lebens vom Worst Case unberührt bleiben würden. Hätten Sie noch ein Dach über dem Kopf? Hätten Sie trotz allem noch genug zu essen und zu trinken, blieben Ihnen Ihre Freunde, Ihre beruflichen Abschlüsse, Ihre Fähigkeiten und Talente, Ihre Gesundheit ...?

Schreiben Sie alles auf, was Ihnen auch im schlimmsten Fall noch erhalten bliebe. Sie werden wahrscheinlich erstaunt sein, was Ihnen alles an verbleibenden Ressourcen einfällt.

Nachdem Sie sich mit dem Schlimmsten schon gedanklich auseinandergesetzt haben, wissen Sie, dass Sie die nötigen Ressourcen haben, um den Worst Case überstehen könnten. Überlegen Sie sich nun im nächsten Schritt:

► Welche Möglichkeiten habe ich, vorbeugend zu handeln, damit das Befürchtete gar nicht erst eintritt? – Sammeln Sie Ideen und schreiben Sie mögliche Schritte auf.

► Wo und bei wem kann ich Informationen, Rat und Unterstützung finden? – Notieren Sie, welche Menschen und Institutionen hier kompetent sind.

3 EIN NEUER FILM IM KOPFKINO

Oft gehen wir davon aus, dass eine bestimmte Situation ganz zwangsläufig bestimmte Gefühle auslöst. Wenn wir zum Beispiel etwas sagen wie »Die Prüfung macht mir Angst« oder »Was tue ich bloß, wenn die Diagnose des Arztes meine Befürchtung bestätigt?«, so ist es natürlich nicht die Prüfung oder die Diagnose an sich, sondern es sind die damit verbundenen Gedanken und Vorstellungen, die die Gefühle hervorrufen. Zwischen der auslösenden Situation und den Gefühls- und Verhaltenskonsequenzen findet stets eine Bewertung statt. Was wir als Zweierschritt empfinden (Reiz – Reaktion), ist also in Wirklichkeit ein Dreierschritt:

A: Reiz

B: Bewertung

C: Reaktion

Auch wenn wir ganz impulsiv reagieren, so findet doch – und sei es im Bruchteil einer Sekunde – im Hintergrund eine Interpretation des Geschehens statt. Dies erklärt auch, warum verschiedene Menschen auf ein und dasselbe Ereignis ganz unterschiedlich reagieren. Die gleiche Situation kann – abhängig von den jeweiligen Bewertungen – zu völlig verschiedenen Emotionen und Verhaltensweisen führen.

SITUATIONEN NEU INTERPRETIEREN

Wenn wir uns häufig um Dinge sorgen, die wir nicht beeinflussen können, dann geschieht dies deshalb immer wieder, weil wir gelernt haben, uns auf bestimmte Auslöser hin entsprechende Sorgengedanken zu machen. Wir haben ebenfalls gelernt, durch diese Gedanken die dazu passenden Gefühle aufzurufen und uns diesen Gefühlen entsprechend zu verhalten. Solche Auslöser-Bewertungs-Reaktions-Ketten werden in entsprechenden Situationen automatisch aktiviert. Dies bestimmt, wie wir schließlich handeln.

Wie wir ein Geschehen interpretieren, hat häufig wenig mit objektiven Fakten zu tun. Vielmehr bewerten wir Informationen so, dass sie sich nahtlos in unser Selbst- und unser Weltbild einfügen. Wir ordnen also einem Geschehen jeweils unsere individuell definierte Be-deutung zu. In diesem Vorgang des Be-wertens entscheidet sich auch zu einem großen Teil, als wie belastend wir das erleben, was geschieht.

Einmal angenommen, Ihr äußerst zu-verlässiger Partner, der sich gerade auf der Heimfahrt von einer Geschäftsreise befindet, ist schon über eine Stunde zu spät dran und reagiert auch nicht auf Ihre Nachrichten, die Sie ihm auf der Mailbox seines Mobiltelefons hinterlas-sen haben.

Wenn Sie dies nun als Alarmzeichen für Leib und Leben bewerten, dann stellen Sie sich vielleicht eine Massenkarambo-lage vor oder sehen ihn im Geiste schon tot im Straßengraben liegen. Wenn Sie zu Eifersucht neigen, dann stellen Sie sich vielleicht detailreich vor, dass er mit einer anderen unterwegs ist, und Ihre Sorgen drehen sich darum, verlas-sen zu werden. Wenn Sie glauben, Ih-rem Partner würde zu wenig an Ihnen liegen, haben Sie möglicherweise das Bild vor Augen, wie er mit seinen Kolle-gen bereits fröhlich in einer Kneipe sitzt, und die Sorge verwandelt sich in Wut und Ärger.

Ziehen Sie hingegen weniger dramati-sche Bewertungen in Betracht – dass er in einen Stau geraten und der Akku sei-nes Telefons leer sein könnte –, dann bleiben Sie sicher gelassener.

Ihre Gedanken haben in keinem Fall Einfluss auf die Situation, in der er sich gerade befindet, wie immer sie ausse-hen mag. Wenn wir mit Sorge oder gar Panik auf jede verstreichende Minute reagieren, macht dies einen negativen Ausgang weder wahrscheinlicher noch unwahrscheinlicher.

Reflektieren Sie Ihre Bewertungen

Alles, was wir erleben, wird also von unserer Art zu denken bestimmt. Wenn wir es gewohnt sind, uns stets das Schlimmste vorzustellen, dann kom-men uns alternative Betrachtungswei-sen gar nicht erst in den Sinn. Unsere gewohnten Interpretationen müssen je-doch keineswegs der Realität entspre-chen. Zum Glück können wir unsere Bewertungen auch ändern. Um offen für alternative Interpretationen zu wer-den, müssen wir also unsere bisherigen Bewertungen überprüfen und sie, wo es nötig ist, infrage stellen.

AUSLÖSER UND BEWERTUNGEN

Nehmen Sie wieder Ihr Logbuch zur Hand und wählen Sie eine der Sorgen aus, die Ihnen bisher häufig in den Kopf gekommen sind, und fragen Sie sich dann:

► Was bewirkt, dass ich mir diese Sorge so oft mache? Durch welchen Auslöser werde ich an sie erinnert? Eine bestimmte Situation? Etwas, das jemand anders sagt? Etwas, was ich sehe oder höre?

► Was passiert dann? Wie reagiere ich auf den auslösenden Reiz? Wie »antwortet« mein Körper? Was fühle ich? Was denke ich?

► Wie bewerte beziehungsweise interpretiere ich den Reiz? Welche Richtung nehmen meine Gedanken dann? Welche Vermutungen stelle ich an?

► Welche anderen Bewertungen beziehungsweise Interpretationen wären als Alternative möglich?

Finden Sie möglichst viele unterschiedliche Blickwinkel und testen Sie in Ihrer Vorstellung, wie Sie sich mit den jeweiligen Alternativen fühlen.

Lösen Sie alte Muster auf

Es gibt immer mindestens eine alternative Interpretation eines auslösenden Reizes, meistens gibt es auch mehrere. Vielleicht haben Sie bei der Übung bemerkt, dass Sie die erlernten automatischen Bewertungen meist nicht hinterfragen. Sie haben feste Muster im Kopf erzeugt, bestimmte Pfade von Reiz, Bewertung und Reaktion, die sogar die Verknüpfung der Nervenzellen an den Synapsen beeinflussen. Wenn wir uns einem Problem gegenübersehen, haben wir stets sofort automatisch eine Interpretation auf Lager. Diese haben wir aufgrund unserer Erfahrungen erworben, verallgemeinert und im Laufe der Zeit als objektive Wahrheit zementiert. Vielleicht haben Sie gelernt, Probleme als bedrohlich zu betrachten, als etwas, das Ihnen Angst einflößt und Sie davon abhält, zufrieden zu leben. Dadurch erscheinen sie gewichtiger, als sie sind.

Wir können Probleme aber auch anders betrachten. So helfen sie uns beispielsweise, geistig wach und fit zu bleiben. Indem wir uns unseren Befürchtungen stellen und uns auf die Suche nach Lösungen machen, trainieren wir »mentale Muskeln« und Durchhaltevermögen. Wir erproben und erweitern unsere Fähigkeiten und stärken damit auch unser Selbstbewusstsein.

Ereignisse neu einzuschätzen und neu zu bewerten ist der Schlüssel dafür, dass im Gehirn seltener als bisher Sorgenalarm ausgelöst wird.

SCHRECKENSBILDER MENTAL VERÄNDERN

Zu wissen, dass wir in unserer Fantasie Katastrophenszenarien ablaufen lassen können, ohne vor den eigenen Gedanken flüchten zu müssen, ist wichtig. Es hilft uns dabei, aus gewohnten Mustern auszubrechen und neue gedankliche Inszenierungen zu schaffen.

Während die Gewissheit, den Worst Case aushalten zu können, sinnvoll ist, wenn der Sorgenalarm bereits losschrillt, findet die Neuinszenierung im Vorfeld statt: wenn wir damit beginnen, erste Sorgenschleifen zu produzieren.

Malen Sie nicht mehr den Teufel an die Wand

Die nun anstehende Übung geht von folgender Voraussetzung aus: Jede Befürchtung, die wir haben, ruft bestimmte Assoziationen in Form innerer Bilder hervor. Wenn wir diese Vorstellungen, die wir mit der Befürchtung verbinden, ändern, beeinflusst das auch unser Erleben. Die Übung veranschaulicht, dass es sich bei Katastrophenfantasien um etwas Selbstgemachtes handelt, das nicht ein für alle Mal auf unserer inneren Festplatte eingebrannt ist. Deshalb müssen sie auch nicht zwangsläufig weiter so ablaufen, sondern wir können sie stattdessen »überschreiben« – mit neuen Einstellungen, neuen Blickwinkeln, neuen Aspekten. Wir sind sozusagen unser eigener Regisseur. Wir sind es, die den Ereignissen ihre Bedeutung für uns verleihen.

Manche Dinge stellen wir in den Vordergrund – sozusagen in Naheinstellung, bunt und laut –, andere stellen wir in den Hintergrund – blass und leise.

Wir machen das nicht nur in unserer rationalen Bewertung, sondern eben auch in Form der Bilder, die wir vor unserem geistigen Auge sehen. Diese Fähigkeit, die jeder von uns hat, können Sie nutzen, um Ihre Katastrophenfantasien abzuschwächen und das, was Ihnen guttut, mental zu verstärken.

Nehmen Sie sich nun für die Übung etwa 15 Minuten Zeit und sorgen Sie dafür, dass Sie nicht gestört werden.

ÜBUNG

MENTALE INSZENIERUNGEN

Nehmen Sie sich für diese Übung ausreichend Zeit, damit Ihr Vorstellungsvermögen richtig in Gang kommen kann!

Denken Sie an eine Sorge, die Sie oft beschäftigt, und stellen Sie sich die Situation vor, in der die Befürchtung Wirklichkeit wird. Achten Sie darauf, sich die Situation möglichst detailreich vorzustellen.

Wo im Körper spüren Sie eine Resonanz auf das, was Sie sich ausmalen? Finden Sie ein Wort für das, was Sie erleben.

Stellen Sie sich nun vor, dass Ihr spezielles Horrorszenario auf einem kleinen Farbfernseher läuft, der etwa fünf Meter links von Ihnen auf dem Boden steht.

Achten Sie darauf, wie sich dabei Ihre Körperempfindungen verändern. Welches Wort kommt Ihnen für diese distanzierte Sicht in den Sinn? Formulieren Sie es.

Rücken Sie nun in Ihrer Vorstellung den Bildschirm in die Ferne: Sie sehen sich nach wie vor alles an, doch die Szenerie ist weiter weg von Ihnen und erscheint daher auch kleiner.

Nehmen Sie nun die Farbe aus dem Film und betrachten Sie ihn in Schwarz-Weiß.

Lassen Sie den Film samt Ton erst schneller laufen, dann langsamer, schließlich in Zeitlupe. Wiederholen Sie das einige Male. Welches Tempo »entschärft« den Film?

Drehen Sie nun alle akustischen Elemente im Film leiser.

Wählen Sie dann ein Standbild aus, das Ihre Befürchtung am deutlichsten repräsentiert.

Zum Schluss verkleinern Sie das Bild weiter, bis es in eine imaginäre kleine Schachtel oder Tüte passt. Packen Sie es dort hinein und verschließen Sie das Ganze gut.

BEWERTUNGEN LOSLASSEN

Viele der Befürchtungen, die wir hegen, halten einer rationalen Überprüfung nicht stand, denn das, wovor wir uns ängstigen, ist …

- wenig wahrscheinlich,
- selbst wenn es eintritt, vielleicht unangenehm, aber keine Katastrophe,
- oder etwas, das wir nicht beeinflussen können, ob wir uns sorgen oder nicht.

Wir wissen, dass der Stress, den Befürchtungen und Ängste in uns auslösen, im Grunde durch die Bewertungen entsteht, die wir vornehmen – und dass sie das entsprechende Drehbuch für den inneren Film liefern, der diesen Stress weiter verstärkt.

Die Bewertungen wurzeln in Grundannahmen oder Überzeugungen, die wir uns irgendwann einmal angeeignet haben – sei es, dass wir sie von anderen übernommen haben, sei es, dass wir sie aufgrund von Erlebnissen oder Erfahrungen gebildet haben. Meist sind uns diese Grundannahmen gar nicht bewusst. Wir registrieren lediglich ein unerklärliches mulmiges Gefühl, wenn wir eine Bewertung ändern wollen – als dürften wir das gar nicht.

ÜBERZEUGUNGEN, DIE SORGEN NÄHREN

Diese Liste dient Ihnen dazu, typische unbewusste Überzeugungen bei sich zu erkennen, die im Zusammenhang mit Sorgen häufig zu finden sind. Welche dieser Überzeugungen teilen Sie, welche nicht? Vielleicht fallen Ihnen anschließend individuelle weitere »Glaubenssätze« ein.

▸ Es ist besser, wenn ich mir Sorgen mache, als wenn ich meine, dass schon alles gut gehen wird, und dann doch etwas Schlimmes passiert.

▸ Wenn ich aufhöre, über das Befürchtete nachzudenken, dann wird es bestimmt sofort Wirklichkeit und ich kann es nicht mehr aufhalten.

▸ Wenn ich mir keine Sorgen um andere mache, denken andere, ich sei oberflächlich oder herzlos.

▸ Wenn ich immer mit dem Schlimmsten rechne, verhindere ich, enttäuscht oder verletzt zu werden.

▸ Wenn ich schon nichts tun kann, hilft es vielleicht, etwas abzuwenden, wenn ich über alles Mögliche nachdenke, das vielleicht passieren könnte.

▸ Wenn ich nicht immer an alles denken würde, was passieren kann, würde noch viel mehr passieren, weil sich die Menschen in meinem Umfeld zu wenig Gedanken machen.

▸ Wenn ich mir keine Sorgen mache, dann werde ich immer durch schlimme Überraschungen bestraft.

▸ Wenn ich mich viel um andere sorge, dann zeige ich damit, dass ich sie wirklich liebe.

▸ Wenn andere mich mit einer schönen Unternehmung von meiner Sorge ablenken, konzentriere ich mich nicht mehr genug darauf.

▸ Wenn ich nur lange genug über meine Sorge nachgrüble, dann fällt mir bestimmt eine Lösung ein.

NEUE BEWERTUNGEN UND LÖSUNGEN FINDEN

Unsere bisherigen Bewertungen und Interpretationen zu hinterfragen bedeutet nicht, dass wir sie von heute auf morgen aufgeben müssen. Abgesehen davon, dass sie in der einen oder anderen Situation durchaus nützlich sein können: Es ist schon viel gewonnen, wenn sie für uns ihren bisherigen Absolutheitscharakter verlieren und wir innerlich andere Interpretationsmöglichkeiten zulassen können.

Hinterfragen Sie Grundannahmen

Es gibt relativ wenige Grundannahmen, bei denen wir hundertprozentig sicher sein können, dass sie die »reine Wahrheit« sind. Die meisten unserer Annahmen sind Ansichtssache. Wir können die Sache also so oder so sehen.

Wenn Sie bisher beispielsweise die Annahme verinnerlicht hatten, dass Sie immer dann, wenn Sie sich keine Sorgen machten, mit schlimmen Überraschungen bestraft würden, und diese Annahme nun durch zahlreiche Gegenbeispiele entkräftet haben, verliert sie dadurch an Kraft. Sie werden frei dafür,

eine optimistischere Annahme zu verinnerlichen. Eine solche positive Annahme könnte beispielsweise lauten: »Ich sorge bestmöglich dafür, dass das, was ich vorhabe, auch klappt.«

Durch gezieltes Hinterfragen gelingt es, das automatische Zusammenspiel von Befürchtungen und den dahinterstehenden Grundannahmen zu stoppen. Der Kopf wird wieder frei für einen lösungsorientierten Umgang mit dem Problem, auf das sich die Sorge bezieht. Die Antworten dazu schwarz auf weiß zu haben schafft Klarheit im Denken. Auch wenn Ihnen dabei bewusst wird, dass Sie, um das Problem lösen zu können, über die eine oder andere Hürde werden springen müssen: Es ist nun klar, was zu tun ist. Aus den Antworten zu den Fragen in der nachfolgenden Übung lässt sich ein Fahrplan entwickeln: Was tue ich konkret in welcher Reihenfolge?

Und dann packen Sie's an: Schritt für Schritt. Wichtig ist, dass Sie sich nicht zu viel auf einmal vornehmen und die existenziellen Probleme zuerst lösen, während Sie die anderen zunächst in die Warteschleife stellen.

LÖSUNGEN FINDEN

●

Nehmen Sie Ihre Aufzeichnungen zur Hand und lesen Sie, was Sie bei der Aufgabe auf Seite 36 unter der Rubrik »Lösbare Probleme« aufgelistet haben. Wählen Sie eines der Probleme aus, um das sich Ihre Sorgen ranken, und beginnen Sie, Antworten auf die folgenden Fragen zu sammeln:

▸ Was befürchte ich ganz konkret, dass passieren könnte?

▸ Was kann ich jetzt konkret unternehmen, um das, was ich so sehr befürchte, abzuwenden?

▸ Welche Informationen brauche ich dazu? Wo kann ich diejenigen, die mir noch fehlen, bekommen?

▸ Wer hat Erfahrung mit der Lösung eines solchen Problems und könnte gute Ideen beisteuern? Wie kann ich von seinem / ihrem Wissen am besten profitieren?

▸ Was bleibt mir, wenn sich das Befürchtete nicht abwenden lässt? Was kann ich dann tun?

▸ Wo bekomme ich Rat und Hilfe im Falle des Worst Case?

Wenden Sie in den nächsten Tagen Zug um Zug den Fragenkatalog aus dieser Übung auf alle Sorgen an, die Sie in Ihrem Logbuch unter der Rubrik »Lösbare Probleme« aufgelistet haben. Wenn Sie dann jeweils Ihren Handlungsspielraum erkennen und sich eventuell noch fehlende Informationen besorgen, führt Sie dies aus dem Zustand der Lähmung heraus, stärkt Ihr Selbstbewusstsein und Ihre Handlungsfähigkeit. Dieses Gefühl, den Sorgen nicht ohnmächtig ausgeliefert zu sein, sondern Lösungen finden zu können, vermittelt Ihnen ein gutes Gefühl der Zuversicht und des Selbstvertrauens.

SICH MIT UNABÄNDERLICHEM ARRANGIEREN

Manchmal machen wir uns gerade dann besonders intensiv Sorgen, wenn sich eine Situation unserer Kontrolle entzieht. Doch Sorgen um Probleme, die wir nicht lösen können, können wir nur loslassen. Loslassen von Vorstellungen und Erwartungen bedeutet stets, dass wir bereit sind zu akzeptieren: »Ich bekomme nicht das, was ich mir gewünscht hatte.« Zuzulassen, dass es so ist, wie es ist, und dass wir daran nichts ändern können, löst die Anspannung, und das erhöht die Lebensqualität.

Wir können zwei Arten von unabänderlichen Dingen unterscheiden:

- Diejenigen Dinge, bei denen wir im Augenblick nichts tun können, später aber vielleicht schon. Wenn der Befund vom Arzt erst in drei Wochen auf dem Tisch liegen wird und wir erst dann weitere Schritte unternehmen können, bleibt uns momentan nichts zu tun, außer zu warten. Wenn wir uns nun drei Wochen lang selbst die Hölle heißmachen, beeinflussen wir die Situation in keiner Weise zum Positiven. Im Gegenteil: Wir vermiesen uns drei Wochen unserer kostbaren Lebenszeit.

- Diejenigen Dinge, bei denen wir gar nichts tun können – jetzt nicht und in Zukunft nicht. Man könnte sie auch die allgemeinen Rahmenbedingungen unseres Daseins nennen.

Tatsächlich ist es ja so, dass einiges, was uns plagt, einfach nicht zu ändern ist. Dazu gehört zum Beispiel, dass manchen Menschen nicht zu trauen ist, dass niemand vor Unfällen sicher ist und Haustiere nicht ewig leben. Wenn wir uns über solche Dinge Sorgen machen, vergällen wir uns viel kostbare Lebenszeit. Schließlich kann immer irgendetwas passieren.

Doch wie können wir solche Befürchtungen abstellen? Der Schlüssel dazu liegt im bewussteren Erleben der Gegenwart. Wie das geht, können Sie in der folgenden Übung ausprobieren.

»Ich kann die Brücke erst dann überqueren, wenn ich sie erreicht habe.«

ENGLISCHES SPRICHWORT

JETZT IST JETZT

●

Wählen Sie eine Sorge aus, bei der Sie momentan nichts in Sachen Lösung unternehmen können.

Lassen Sie den Blick über Ihre Umgebung schweifen. Werden Sie sich möglichst vieler Einzelheiten bewusst – sowohl im Zimmer als auch draußen, wenn Sie aus dem Fenster blicken. Nehmen Sie auch sich selbst wahr, welche Haltung Sie einnehmen, spüren Sie Ihren Atem, nehmen Sie wahr, wie er ein- und ausströmt.

Blicken Sie nun aus dem Fenster und stellen Sie sich vor, dass sich das Ereignis, um das sich Ihre Befürchtungen ranken, irgendwo am Horizont befindet. Vergegenwärtigen Sie sich, dass noch viel Wegstrecke zwischen Ihnen und diesem Ereignis liegt.

Sagen Sie zu sich selbst etwas wie: »Jetzt bin ich hier und genieße diesen Augenblick. Wenn die Zeit gekommen ist zu handeln, werde ich mich um das Problem kümmern. Erst dann. Jetzt kann ich ganz ruhig sein. Hier im Jetzt ist nichts, was mich bedroht. Wenn es so weit ist, werde ich das Problem angehen und ich werde es bewältigen.«

Es geht bei dieser Übung nicht darum, in der Zukunft liegende Ereignisse wegzuschieben und zu verdrängen, sondern darum, dass wir lernen, die Ungewissheit hinzunehmen und zu akzeptieren. Und natürlich darum, uns nicht die Zeit bis zu dem Ereignis vermiesen zu lassen.

Wiederholen Sie die Übung immer dann, wenn sich eine Sorge, bei der sich nichts tun lässt, wieder in Ihr Bewusstsein drängen will: Jetzt – passiert gar nichts. Diese Zeit ist ganz und gar Ihre Zeit. Im Augenblick sind Sie völlig sicher und können sich ganz der Gegenwart widmen.

SORGE IN VORSORGE VER-WANDELN

Sich weniger Sorgen zu machen bedeutet nicht, Probleme aus dem Weg zu gehen. Schließlich wollen wir ja unsere mentale Fitness trainieren und Fähigkeiten entwickeln, die uns dabei helfen, das Leben aktiv zu gestalten. Wenn wir selbstbestimmt leben wollen, gehört es also dazu, sich immer wieder auch mit Problemen und Konflikten auseinanderzusetzen, die nun mal zum Leben gehören. Die Frage ist nur, wie wir das tun. Sorgen in Vorsorge zu verwandeln bezieht sich zwar in erster Linie auf lösbare Probleme, spielt aber auch indirekt beim Umgang mit Sorgen eine Rolle, die sich auf Unabänderliches beziehen. Zwar können wir in diesem Fall nichts Konkretes unternehmen, doch haben wir es in der Hand, welche Gedanken wir uns machen.

Um Sorge in Vorsorge zu verwandeln, ist der erste Schritt, die Sorge um Unabwendbares ein Stück weit loszulassen, denn bereits dies verhilft uns zu mehr Gelassenheit. Doch darüber hinaus können wir noch mehr tun – probieren Sie es gleich aus.

ÜBUNG

SICH SELBST STÄRKEN

●

Nehmen Sie Ihr Logbuch und widmen Sie sich einer Befürchtung zu etwas, auf das Sie keinen Einfluss haben. Fragen Sie sich:

▸ Was kann ich trotz des Unabwendbaren für mich tun, um in einem guten Zustand zu bleiben?

▸ Womit kann ich Kraft, Zuversicht und Vertrauen stärken?

▸ Was hat mir in der Vergangenheit geholfen, mit ähnlichen Unwägbarkeiten zurechtzukommen?

Widmen Sie sich nun einer Sorge um etwas, das Sie nicht jetzt, aber vielleicht später ändern können:

▸ Was könnte mir helfen, die Wartezeit gelassener zu ertragen?

▸ Wer / was könnte mir in dieser Zeit besonders gut helfen, meine Geduld und Ausdauer zu stärken?

Schreiben Sie alles auf, was Ihnen einfällt, auch scheinbar Banales.

Gehen Sie Schritt für Schritt vor

Wenn wir Wege erkennen, angstbesetzte Situationen zum Guten zu wenden, dann empfinden wir Erleichterung. Doch wir müssen unsere Erkenntnisse auch in die Tat umsetzen, sonst bleibt die Sorge bestehen.

Dabei ist es wichtig, Schritt für Schritt voranzugehen, sodass bereits jedes Lösen einer Teilaufgabe ein Erfolgserlebnis und Glücksgefühle mit sich bringt.

Selbstakzeptanz und Selbstvertrauen, positive Beziehungen zu anderen, die Bewältigung des eigenen Lebens und persönliche Weiterentwicklung hängen nicht zuletzt vom eigenen kompetenten Umgang mit Problemen ab.

Der Schlüssel dafür liegt in der Neubewertung dessen, was uns Sorgen macht. Wo werden wir handeln? Was können wir nicht ändern und wie machen wir es uns leichter, dies zu akzeptieren?

EVOLUTION DES GLÜCKS

Ursprünglich dienten Glücksgefühle, etwa nach der Nahrungsaufnahme oder nach einem entspannenden Schläfchen, nur dem Überleben. Das hat sich für uns gründlich geändert: Glücksgefühle, ausgelöst durch diverse Botenstoffe im Körper, sind zum Selbstzweck geworden. Glückshormone sind der beste »Entspannungscocktail«, den es gibt! Das ist doch Grund genug, sich etwas Gutes zu tun und (unlösbare) Sorgen ziehen zu lassen.

4 DEN SORGEN EINHALT GEBIETEN

Natürlich ist es sinnvoll, über Probleme nachzudenken und sich um eine Lösung zu bemühen – aber eben nicht stundenlang und überall. Als geübte Sorgenmacher lassen wir unsere Gedanken häufig spazieren gehen – wir denken an dies und das und plötzlich sind wir schon wieder mittendrin in unseren Sorgen. Es hilft dann nicht weiter, wenn wir uns darüber ärgern oder uns deswegen Vorwürfe machen – was hilft, ist, die sorgenvollen Gedanken gezielt zu stoppen.

SICH AUF DAS HIER UND JETZT KONZENTRIEREN

Wenn wir erleben, dass wir unseren Gedanken nicht ausgeliefert sind, sondern die Aufmerksamkeit bewusst lenken können, stärkt das unser Selbstvertrauen. Außerdem trainieren wir damit auch die Achtsamkeit, konzentrieren uns mehr und mehr auf das, was aktuell wichtig ist, statt unsere Gedanken um das kreisen zu lassen, was sein könnte. Natürlich erfordert die Veränderung viel Übung. Schließlich geht es darum,

über eine lange Zeit hinweg eingespielte Reiz-Bewertung-Reaktion-Ketten nun zu unterbrechen und neues Denken und Verhalten an ihre Stelle zu setzen.

Eine Methode, mit der wir effektiv in diesen Mechanismus eingreifen können, ist der Sorgen-Stopp. Dabei geht es darum, sorgenvolle Gedanken energisch zu unterbrechen, sobald sie sich breitmachen wollen. Anfangs wird uns vielleicht erst dann bewusst, dass wir uns Sorgen machen, wenn wir uns schon mitten im Dickicht unserer Befürchtungen befinden – eben weil wir so daran gewöhnt sind, uns zu sorgen. Doch wenn wir beim Auftauchen einer Befürchtung konsequent »Stopp« sagen (oder denken) und unsere Aufmerksamkeit sofort auf etwas anderes lenken, verlassen wir die »Sorgenpfade« in unserem Gehirn.

In der nächsten Übung probieren Sie, Ihren Sorgengedanken nach dem »Stopp« positive, Ihr Selbstvertrauen stärkende Gedanken entgegenzusetzen oder mit dem Fokus auf das Hier und Jetzt Sorgengedanken aufzulösen.

SORGEN-STOPP!

Gebieten Sie dem Kreisen auftauchender Sorgengedanken Einhalt, indem Sie innerlich energisch »Stopp« sagen. Wenn Sie gerade allein sind, können Sie auch in die Hände klatschen und laut »Stopp« rufen.

Natürlich würden die Gedanken sofort wiederkommen, wenn Sie jetzt nichts weiter unternehmen würden. Deshalb muss auf das »Stopp« ein Gedanke folgen, der sozusagen das Gegenteil der Sorge ist. Formulieren Sie zwei bis drei kurze, prägnante Sätze, die ausdrücken, dass Sie aktiv und tatkräftig das tun, was Sie tun können, beispielsweise »Ich bin tüchtig!«, »Ich kann das!« oder »Ich mache meine Sache gut«.

Suchen Sie dann gezielt Abstand. Fragen Sie sich: »Was würde mir im Moment guttun?«, »Was gibt mir Energie?« Das kann auch etwas ganz Einfaches sein – wie ein Schluck Wasser, ein Apfel oder ein paar Atemzüge am geöffneten Fenster.

Wichtig ist, sich mit den positiven Sätzen und der aktiven Selbstsorge quasi zu beweisen, dass Sie die Richtung Ihres Denken und Tuns ändern können.

Alternativ zu den genannten Möglichkeiten können Sie nach dem »Stopp« Ihre Aufmerksamkeit auch gezielt auf Ihre Umgebung richten. Nehmen Sie intensiv wahr, was Sie gerade sehen, was Sie hören, was Sie gerade riechen oder was Sie schmecken.

Zusätzlich können Sie Ihren Augen etwas Gutes tun, indem Sie abwechselnd einen Gegenstand in der Nähe und einen Punkt in der Ferne in den Fokus nehmen.

Entscheidend ist, dass Sie schnell und möglichst unmittelbar nach dem Sorgen-Stopp die Aufmerksamkeit gezielt auf etwas anderes richten.

Wenn wir uns auf das konzentrieren, was gerade um uns herum geschieht, und alle unsere Sinne dabei nutzen, ist kein Platz für Gedanken an etwas, das vielleicht irgendwann passiert. »Die Sonne scheint durch die Fenster direkt auf den Kaktus auf der Fensterbank. Ich sehe, dass er bald blühen wird. Ich vernehme einen Hauch von Kaffeeduft und Stimmengemurmel auf dem Flur ...«

Beim Wahrnehmen des Hier und Jetzt »erden« wir uns, spüren unsere Präsenz und Lebendigkeit. Indem wir uns darauf konzentrieren, was um uns herum geschieht, werden wir ruhig und gelassen. Sagen Sie sich etwas wie »Ich bin Herr / Herrin meiner Gedanken. Ich bestimme, was ich denke.« Dann widmen Sie Ihre Aufmerksamkeit Dingen, die gerade anstehen. Telefonieren, Aufräumen, E-Mails schreiben, Malen, Kochen: Jede Aktivität hilft, den Automatismus des Sorgenmachens zu stoppen.

Zeigen Sie Geduld

Wenn wir regelmäßig üben, können wir unsere Aufmerksamkeit mit der Zeit immer besser lenken. So wird uns bewusst, dass wir souverän sind und selbst entscheiden können, statt Opfer des eigenen Kopfkinos zu sein. Auch die kleine Übung auf Seite 62 hilft Ihnen, sich auf das Jetzt auszurichten, statt im Kopf Katastrophen zu konstruieren.

KÖRPER UND PSYCHE IM DAUERSTRESS

Kraft unserer Vorstellung versetzen wir uns nicht nur psychisch in Angst und Schrecken, sondern wir signalisieren auch unserem Körper, dass er in Alarmbereitschaft bleiben muss. So steigt der Blutdruck, Atmung und Herzschlag beschleunigen sich. Stoffwechsel und Immunsystem dagegen laufen auf Sparflamme. Wir funktionieren nur noch mit Tunnelblick, Weitsicht und Kreativität haben das Nachsehen, von Lebensfreude und Genuss ganz zu schweigen.

DER WUNDERBARE MOMENT

Diese Übung können Sie fast immer und überall machen, ob im Sitzen, Stehen, Gehen oder Liegen.

▸ Während Sie einatmen, denken Sie: »Beim Einatmen schenke ich meinem Körper Ruhe.«

▸ Während Sie ausatmen, denken Sie: »Beim Ausatmen lächle ich.« Und Sie lächeln.

▸ Während Sie das nächste Mal Atem schöpfen, sagen Sie sich: »Ich verweile ganz im Moment.«

▸ Während Sie ausatmen, denken Sie: »Ich weiß, es ist ein wunderbarer Moment.«

Atmen Sie auf diese Weise so lange Sie möchten und genießen Sie die positive Wirkung.

Haben Sie bei der Übung gemerkt, dass Sie das »Hier und Jetzt« deutlicher wahrnehmen konnten und innerlich etwas zur Ruhe gekommen sind?

Wenn Sie die Sequenz mehrmals wiederholen, merken Sie, wie es Ihnen immer leichter fällt, sich diese zwei Atemzüge lang ganz auf das gegenwärtige Geschehen zu konzentrieren und an nichts anderes zu denken als das, was Sie gerade tun: atmen und Ihren Atem mit stärkenden Sätzen begleiten.

Dies können Sie überall tun, ob im Büro, zu Hause, in einer Warteschlange, beim Arzt im Wartezimmer, im Bus, während eines Spaziergangs, auf dem Fahrrad oder im Auto ...

Sich auf die Gegenwart auszurichten hilft dabei, sich selbst anschaulich zu »beweisen«, dass jetzt nichts von alledem aktuell ist, was wir uns an künftigen Schrecken ausmalen.

So verinnerlichen wir, dass wir uns nicht von unwillkommenen Gedanken dominieren lassen, sondern selbst bestimmen können, wann wir uns welchem Problem widmen und wann wir uns nicht damit beschäftigen wollen.

SORGENZEIT EINRICHTEN

Während wir Sorgen über Dinge, die wir nicht ändern können, mittels Sorgen-Stopp abhaken können, hilft es bei Sorgen, die nach Lösungen rufen, sich Zeit zum Nachdenken zu reservieren. Statt über den Tag verteilt viel Zeit mit Befürchtungen zu verbringen, legen wir nun einen bestimmten Zeitraum fest, in dem die momentan akutesten Unruhestifter reflektiert werden können. Innerhalb dieser Zeit haben die Sorgen Platz – außerhalb gilt: Sorgen-Stopp!

Notieren und vorerst abhaken

Wenn also plötzlich eine Befürchtung in Ihr Bewusstsein tritt, etwas, das Sie stark beunruhigt, nehmen Sie es kurz zur Kenntnis und machen sich eine Notiz für später. Sie geben Ihren Sorgen einen Termin, behandeln sie wie eine Person, die im unpassenden

Moment Ihre Aufmerksamkeit erregen will. Sobald die Sorge auftaucht, sagen Sie zum Beispiel: »Stopp! Jetzt nicht. Heute Abend um 19 Uhr kümmere ich mich um dich.« Bis dahin bleibt die Sorge konsequent unter Verschluss.

Wählen Sie für Ihren Termin einen ruhigen Ort oder laden Sie die Sorge zu einem Spaziergang ein. Damit aus dem Nachdenken kein fruchtloses Grübeln wird, setzen Sie sich ein Zeitlimit, gern auch mit einem Timer! In der nächsten Übung können Sie das Ganze gleich mal ausprobieren.

TERMIN MIT DER SORGE

Legen Sie einen Ort und einen Zeitraum von etwa einer halben Stunde fest, am besten mit Weckersignal. Halten Sie Ihr Logbuch bereit oder Ihr Handy mit Tonaufzeichnungs-App.

Wählen Sie ein Sorgenthema aus und beschäftigen Sie sich intensiv damit. Lassen Sie, genau wie bei der Übung von Seite 50, alle Befürchtungen ausdrücklich zu, die mit dieser Sorge verbunden sind.

Bleiben Sie mit Ihrer ganzen Aufmerksamkeit bei dem gewählten Sorgenthema. Sollten Ihre Gedanken beginnen abzuschweifen, lenken Sie sie sanft, aber bestimmt wieder zurück zu der Sorge.

Seien Sie aufmerksam für die Mitteilungen Ihres Körpers: Registrieren Sie Veränderungen während der Sorgen-Zeit. Geben Sie Impulsen wie Seufzen, tiefem Atmen, Recken nach.

Falls Ihnen während der Beschäftigung mit der Sorge Ideen zur Bewältigung des Problems in den Sinn kommen, machen Sie sich Notizen dazu. Halten Sie alles fest, was Ihnen zur Vermeidung oder zur Bewältigung der Sorge einfällt.

Beenden Sie Ihre Sorgen-Zeit pünktlich, überziehen Sie nicht – Sie können ja tags darauf erneut über dieses Thema – oder eine andere Sorge - nachdenken.

Ganz wichtig: Versuchen Sie, außerhalb Ihrer festgelegten Sorgen-Termine nicht weiter über das belastende Thema nachzudenken. Die einzige Ausnahme gilt für spontan auftauchende Lösungsideen, diesen gehen Sie selbstverständlich nach. Falls sich weitere Sorgengedanken aufdrängen, sagen Sie einfach wieder »Stopp« und notieren sich das Thema für später.

Selbst wenn Sie bei der Übung auf Anhieb keine Lösung gefunden haben, so haben Sie doch Ihr Unbewusstes in die passende Richtung auf den Weg geschickt. Sie bewegen sich in Richtung Lösung, statt im Problem zu versacken und sich selbst weiter Angst einzujagen.

SCHALTEN SIE AB UND SCHLAFEN SIE WIEDER GUT!

Wenn wir uns Sorgen machen, ist das meist mit großer Anspannung verbunden und mit flachem Atmen, manchmal auch mit Herzklopfen, Mundtrockenheit oder Schwindelgefühlen.

Das Ganze ist aber keine Einbahnstraße: Wir können den Zusammenhang zwischen Gedanken und körperlichen Reaktionen auch im positiven Sinne nutzen, indem wir durch bewusstes Entspannen unsere Sorgen in den Hintergrund treten lassen. Indem wir unseren Körper gezielt entspannen, bringen wir auch mehr Ruhe und Gelassenheit in unsere Gedankenwelt. Dazu sind Entspannungstechniken wie das autogene Training, die Progressive Muskelentspannung oder die Eutonie gut geeignet. Sie sind deshalb so wirksam

gegen das Sich-Sorgen, weil wir nicht gleichzeitig Entspannung und Angst empfinden können.

Endlich weg von der ständigen Alarmbereitschaft

Wenn Sie Entspannungsverfahren erlernen und regelmäßig anwenden (Kurse gibt es bei Volkshochschulen, Krankenkassen und anderen Anbietern im Bildungs- und Gesundheitsbereich), lassen unterschwellige Unruhe, Anspannung und Nervosität nach und Sie finden auch nachts wieder zur Ruhe.

Sehr effektiv ist es auch, tagsüber immer mal wieder innezuhalten und sich auf den Atem zu konzentrieren. Normalerweise atmen wir acht- bis zwölfmal pro Minute ein und aus, im entspannten Zustand nur sechsmal oder weniger. Da sich die Atmung wiederum auf Herzfrequenz und Blutdruck auswirkt, beruhigen Sie durch langsames, tiefes Atmen den ganzen Organismus.

Allzu selten nutzen wir im Alltag die entspannende Kraft des Atems! Die nun folgende Übung kann Ihnen – regelmäßig praktiziert – auch in schwierigen Zeiten helfen, zur Ruhe zu kommen.

ENTSPANNEN MIT DEM ATEM

▸ Besonders wohltuend ist es, wenn Sie die Übung barfuß draußen machen. Stellen Sie sich aufrecht hin (oder setzen Sie sich mit aufrechtem Oberkörper auf einen Stuhl). Ihre Beine sind ungefähr schulterbreit auseinander, die Knie ganz locker. Legen Sie nun die Hände locker auf Ihren Bauch. Atmen Sie ein paarmal durch die Nase ein und aus. Wenn Sie möchten, schließen Sie die Augen.

▸ Beim nächsten Einatmen stellen Sie sich vor, der Atem würde aus dem Boden durch die Füße in Sie einströmen. Denken Sie dabei »Kraft«, »Mut«, »Energie« oder ein anderes Wort, das für Sie Stärke und Selbstvertrauen bedeutet. Spüren Sie, wie die eingeatmete, hereinströmende Luft Ihren Brust- und Bauchraum weitet.

▸ Beim Ausatmen stellen Sie sich vor, wie Sie alles, was Sie momentan be-

drückt, immer mehr loslassen. Atmen Sie möglichst langsam aus und spüren Sie genau hin, wie die Luft aus Ihrem Körper weicht – und mit ihr alle Ängste und Befürchtungen; die der Wind nun mit sich nimmt. Das Ausatmen sollte jeweils möglichst doppelt oder dreimal so lange dauern wie das Einatmen. Verbinden Sie das Ausatmen ruhig mit einem Ton, vielleicht einem Seufzen oder Stöhnen.

▸ Nehmen Sie während der Übung auch wahr, wie solide Sie stehen, wie Ihre Füße fest und sicher in Kontakt mit dem Boden sind und wie locker und gelassen Ihre Haltung ist.

▸ Nehmen Sie zehn bis zwölf solcher intensiven Atemzüge und lassen Sie das Gefühl auf sich wirken, mit jedem Atemzug Kraft zu schöpfen und mit jedem Ausatmen mehr Bedrückendes loszulassen.

SORGENVERSTÄRKER BANNEN

Womit sich unsere Gedanken beschäftigen, hängt zu einem großen Teil von unserer Umgebung ab. Werden wir ständig an unerledigte Aufgaben, Fehlentscheidungen oder ungelöste Probleme erinnert, ranken sich auch die Gedanken viel ausdauernder darum. Schon sind wir wieder dabei, uns Sorgen zu machen!

Zu solchen Sorgenverstärkern gehören kaputte Geräte, die schon längst repariert oder entsorgt werden sollten, überhaupt alle Aufgaben, die wir seit Langem vor uns herschieben. Geben Sie der Erledigung dieser Aufgaben feste Termine, die Sie im Logbuch festhalten! Hinzu kommen Fehleinkäufe wie der Rasenmäher, der so umständlich zu bedienen ist, das Kostüm, dessen Jacke nicht richtig sitzt, und so weiter. Jedes Mal, wenn unser Blick auf solch ein Zeichen unserer scheinbaren Unfähigkeit fällt, ärgern wir uns oder fühlen uns unzulänglich. Weg damit! Solche Mahnmale lösen nur Unmut und Hilflosigkeit aus – es ist gut, sich davon zu trennen. Legen Sie auch für das Entrümpeln Ihres Lebens Termine fest.

Wenn wir anfällig für Katastrophenfantasien sind, tun wir uns auch keinen Gefallen damit, über die Medien, besonders das Internet, alles Mögliche auf uns einströmen zu lassen. Wenn wir uns permanent mit schlechten Nachrichten zuschütten lassen, bleibt das nicht ohne Auswirkung. Es festigt den Eindruck in uns, dass wir vielen Schrecknissen hilflos ausgeliefert sind. Also: Einmal am Tag Zeitung lesen oder Nachrichten sehen reicht!

Wählen Sie bewusst aus

Es ist wichtig, eine bewusste Auswahl zu treffen, welchen Informationen Sie sich aussetzen wollen. Ähnliches gilt für die Menschen, mit denen Sie in Kontakt sind. Wenn Sie sich mit Menschen umgeben, die Ihre Befürchtungen bestätigen und vielleicht noch schlimmere auf Lager haben, verstärkt das Ihre Neigung, sich Sorgen zu machen.

Wenn Sie hingegen bewusst Kontakt zu Menschen suchen, die lösungsorientiert denken, färbt auch dies ab. Sie erhalten Inspirationen für optimistischere Sichtweisen. Von Menschen, die fit darin sind, Lösungen für Probleme zu finden, oder für sich selbst Wege entdeckt haben, sich mit Unabänderlichem zu arrangieren, können wir viel lernen. Mehr dazu lesen Sie auf Seite 77.

Wenn wir gerade dabei sind, uns in Sorgengedanken zu verstricken, und unsere Stimmung immer düsterer wird, kann es ein wahres Zaubermittel sein, die Umgebung zu wechseln. Bei einem Spaziergang, beim Wandeln durch eine Ausstellung oder im Café sehen wir das, was uns quält, oft aus einer anderen Perspektive und können leichter neue Ideen und Lösungsmöglichkeiten finden. Wir begegnen anderen Menschen, sehen Dinge, die fernab von unserem Alltag sind, und kommen auf neue Ideen – wir erhalten also viele Impulse, die uns wieder mit unserem inneren Wissen darüber in Verbindung bringen, was uns wirklich stärkt und guttut.

> »Verbringe nicht die Zeit mit der
>   Suche nach einem Hindernis.
> Vielleicht ist keines da.«
>
> FRANZ KAFKA

DEN BLICK FÜR DAS SCHÖNE SCHÄRFEN

Wenn wir uns bewusst dafür entscheiden, möglichst häufig den gegenwärtigen Moment wahrzunehmen, ganz bei dem zu sein, was im Augenblick geschieht, dann tut das nicht nur unserer Konzentrationsfähigkeit gut, sondern wir stellen in diesem Augenblick auch den sorgenvollen Spekulationen keine mentale Spielwiese mehr zur Verfügung. Im Prinzip können wir ja nur den gegenwärtigen Moment tatsächlich mit allen Sinnen erleben.

Die Konzentration auf das Jetzt ist auch die beste Medizin gegen die tausend kleinen Alltagskümmernisse in unserem Leben. Diese beinhalten überwiegend durchkreuzte Erwartungen, persönlichen Ärger, Enttäuschungen oder problematische finanzielle und familiäre Angelegenheiten.

Medizin für Alltagskümmernisse

Den Kümmernissen lassen sich kleine Glücksmomente im Jetzt entgegenstellen. Solche positiven Momente sind Quellen für Freude und Gelassenheit und heben unsere Lebenszufriedenheit.

KÜMMERNISSE UND GLÜCKSMOMENTE

Der Psychologe Allen D. Kanner von der University of California, Berkeley, hat mit seinem Team für eine Studie eine Übersicht über die häufigsten Alltagskümmernisse, englisch »daily hassles«, zusammengestellt und ihr eine Liste von Glücksmomenten, »daily uplifts«, gegenübergestellt. Lassen Sie die Listen einfach mal auf sich wirken und blättern Sie dann um!

Alltagskümmernisse

▸ Das Gefühl von Zeitmangel und Überforderung.

▸ Unzufriedenheit mit dem eigenen Körpergewicht und / oder körperlichen Erscheinungsbild.

▸ Gesundheitliche Probleme eines Nahestehenden.

▸ Preiserhöhungen von Gütern des täglichen Bedarfs, zum Beispiel Lebensmittel, Zeitungen, Körperpflegeartikel, Fahrscheine ...

▸ Ärger bei der Aufteilung der Haushaltspflichten.

▸ Verlegen / Verlieren von Dingen.

▸ Gedanken um Besitz, Investitionen, Steuern.

▸ Als Bedrohung empfundene Kriminalität.

Glücksmomente

▸ Eine gute und vertrauensvolle Partnerschaft führen.

▸ Freundschaften pflegen.

▸ Eine sinnvolle Aufgabe erfüllen.

▸ Sich gesund fühlen.

▸ Genug Schlaf bekommen.

▸ Gemeinsam essen gehen.

▸ Verantwortung gerecht werden.

▸ Jemanden anrufen, ihm schreiben oder ihn besuchen.

▸ Ein schönes Zuhause haben.

▸ Zeit mit der Familie oder mit guten Freunden verbringen.

Meist ist uns nicht bewusst, dass unser Leben nicht in erster Linie aus Highlights und Dramen besteht, sondern vielmehr aus den vielen kleinen Momenten, die sich zum Mosaik unseres Alltags zusammenfügen. Jeder Tag hat sein eigenes Muster an Kümmernissen und Glücksmomenten. Wie das Muster jeweils aussieht, haben wir in vieler Hinsicht selbst in der Hand.

Oftmals haben kleine Maßnahmen erstaunlich große Effekte. Wenn wir die Anzahl der glücklichen Momente im Alltag um nur fünf Prozent steigern und gleichzeitig fünf Prozent unserer Kümmernisse abschaffen können, haben wir qualitativ schon spürbar etwas verändert.

Vermehren Sie Glücksmomente

Sorgen und Probleme werden immer ein Teil unserer inneren Welt sein, schließlich ist das Leben voller Herausforderungen. Gleichzeitig gibt es so viel Schönes, Erfreuliches, Spannendes, Entspannendes … und all diese positiven Elemente sind genauso real wie unsere Kümmernisse. Oft sind sie sogar noch viel unmittelbarer greifbar.

Sich als sorgloser und entspannter Mensch zu fühlen ist möglicherweise für Sie noch nicht so recht vorstellbar. Aber ist es nicht verlockend, den Kopf frei von Sorgengedanken zu haben und den gegenwärtigen Moment einfach nur entspannt genießen zu können?

Natürlich passiert das nicht mit einem Fingerschnippen. Sie benötigen Mut, Geduld und Ausdauer. Wichtig ist, dass Sie jeden Fortschritt wertschätzen und sich dafür auch loben und belohnen. So verlieren die Alltagskümmernisse an Gewicht und die großen und kleinen Glücksmomente rücken immer mehr ins Zentrum Ihrer Aufmerksamkeit. Am besten, Sie halten jede dieser Veränderungen und jeden Glücksmoment auch in Ihrem Logbuch fest, um sich immer wieder an Ihr Ziel zu erinnern, ein glücklicherer Mensch zu werden.

»Das Morgen sollte immer reizvoller als das Gestern wirken.«

PRENTICE MULFORD

5 DIE EIGENEN RESSOURCEN STÄRKEN

Was sind die Voraussetzungen dafür, dass wir uns sicher fühlen? Zum einen hat das natürlich mit der Situation zu tun, in der wir leben, und jener, in der wir uns jetzt gerade befinden: Wenn nichts da ist, was auch nur entfernt nach einer Gefahr oder Bedrohung des Status quo aussieht, haben wir auch keinen Grund, uns unwohl zu fühlen oder alarmiert zu sein. Wir können uns zurücklehnen und entspannen. Wenn die Situation dagegen undurchsichtig ist, reagieren wir mit erhöhter Wachsamkeit, ganz klar.

Unser Sicherheitsgefühl hängt jedoch keineswegs allein von unserer jeweiligen Umgebung und unseren Lebensumständen ab, es hat auch etwas mit unserem Selbstverständnis und unserem Selbstvertrauen zu tun. Aus diesem Blickwinkel besteht das Gefühl innerer Sicherheit in der Gewissheit, dass wir gut für uns sorgen können und dass wir, wenn etwas Schlimmes geschieht, damit fertig werden können. Wenn wir gewohnt sind, lösungsorientiert zu denken, konzentrieren wir uns auf unsere Stärken – und auf Ressourcen, die uns dabei helfen, das jeweilige Problem gut in den Griff zu bekommen.

SICHERHEIT IN SICH SELBST FINDEN

Gute Gefühle, die wir einmal erlebt und erfahren haben, gehen nicht verloren, wir haben uns häufig nur den Zugang dazu verstellt. Dabei können entmutigende Erfahrungen eine Rolle gespielt haben wie Misserfolge, persönliches Scheitern oder auch Schicksalsschläge. Entmutigung ist aber dennoch nicht einfach nur eine unvermeidliche Folge von Frustration, Misslingen und Enttäuschungen. Vielmehr sind die Schlüsse, die wir aus dem Erlebten gezogen haben, entscheidend. Denn sie bestimmen, wie wir das Geschehen innerlich verarbeiten und welche Entscheidungen wir künftig treffen. Dies entscheidet auch mit, ob wir uns selbstbewusst und aktiv oder hilflos und passiv fühlen.

In der folgenden Übung können Sie gute, starke Gefühle, die Sie erlebt haben, zu neuem Leben erwecken.

SICHERHEIT SPÜREN

Sorgen Sie dafür, eine Viertelstunde ungestört zu sein, und denken Sie an Situationen in Ihrem Leben, in denen Sie sich sicher, vielleicht auch gelassen oder geborgen gefühlt haben und mit Zuversicht in die Zukunft geschaut haben. Wie war das? Rufen Sie zwei oder drei dieser Situationen auf und fragen Sie sich jeweils:

▸ Was habe ich in diesem Moment wahrgenommen?

▸ Wie ließe sich das Gefühl, das ich damals empfand, möglichst treffend beschreiben?

▸ Was ließ mich dieses Gefühl der inneren Sicherheit spüren?

Machen Sie sich schriftliche Notizen dazu, beschreiben Sie möglichst genau, was dieses Gefühl für Sie bedeutet und wie es sich zeigt.

Überlegen Sie dann, ob es ein Symbol, einen Spruch oder eine Metapher gibt, etwas, das dieses erlebte Sicherheitsgefühl verkörpern könnte. Wählen Sie ganz intuitiv. Wichtig ist, dass es stimmig für Sie ist – sodass das Symbol zum Anker für Sie wird, mit dessen Hilfe Sie künftig in problematischen Situationen ganz unmittelbar Ihre innere Sicherheit erneut erleben können und sich den Schwierigkeiten besser gewachsen fühlen.

Versetzen Sie sich möglichst oft mithilfe Ihres Ankers in dieses Gefühl der Stärke und Zuversicht hinein. Dann lässt das Gefühl sich rascher aufrufen, wenn Sie tatsächlich in eine brenzlige Situation geraten.

Zudem werden durch das wiederholte Üben die entsprechenden Nervenverknüpfungen (Synapsen) im Gehirn gefestigt. Sie ebnen dem Gefühl der inneren Sicherheit auf diese Weise buchstäblich den Weg.

Nutzen Sie Ihr persönliches Symbol

Um die Gewissheit zu stärken, dass Ihr Gefühl der Sicherheit Ihnen jederzeit zur Verfügung steht, können Sie sich selbst immer mal wieder kleine Aufgaben stellen, dann das gute Gefühl mithilfe Ihres Ankers aktivieren und mit Zuversicht darangehen, das Problem zu lösen. Ob das ein seit Langem fälliges Telefonat ist oder das Reparieren Ihres Fahrrads – wichtig ist, das Gefühl der Selbstsicherheit zu entfalten und dann aktiv zu werden.

Mit zunehmender Übung werden Sie den Anker nicht mehr brauchen, sondern das Gefühl der inneren Stärke sofort aktivieren können, indem Sie daran denken. Daraus erwächst die Gewissheit, dass Sie mit fast allen Problemen, die auftauchen, fertig werden können.

SCHWÄCHENDE BEWERTUNGEN UMWANDELN

Meist nehmen wir an, wir würden uns ganz rational unseren Fähigkeiten entsprechend verhalten. Die Annahme »Das kann ich« lässt uns eine Sache anpacken. Der Gedanke »Das kann ich nicht« führt dazu, dass wir lieber einen Bogen darum machen oder zögerlich an die Sache herangehen. Diese Einschätzungen müssen durchaus nicht der Wahrheit entsprechen! Oft nehmen wir lediglich an, bestimmte Fähigkeiten zu haben oder eben nicht.

Wenn wir von uns selbst glauben, unzulänglich oder untalentiert zu sein, dann verhalten wir uns entsprechend dieser Überzeugung, ganz egal, wie kompetent wir in Wirklichkeit sind. Erfolge und Leistungen sind nicht allein Ausdruck unseres tatsächlichen Potenzials, sondern vor allem auch unseres Selbstvertrauens. Wenn wir lernen, häufig das Gefühl der inneren Sicherheit zu aktivieren, stellen wir fest, dass »Ich kann nicht«-Überzeugungen weniger werden

> *»Die Menge an positiven Gefühlen, die ein Mensch hat, steht in direktem Zusammenhang damit, ob er im Leben aufblüht oder nur dahindümpelt.«*
>
> BARBARA FREDRICKSON

73

und wir anfangen, uns mehr zuzutrau-
en. Dann werden wir uns ein Problem
zumindest ansehen, statt uns schon im
Vorhinein für unfähig zu erklären, es zu
lösen. Und wir werden eine Situation
auf konkrete Handlungsmöglichkeiten
hin abklopfen, statt nur diffuse Sorgen
im Kopf hin und her zu wälzen.

Welche Einstellung wir zu unseren Fähigkeiten haben, entscheidet also weit
mehr darüber, wie wir mit Schwierigkeiten fertig werden, als die Fähigkeiten
an sich. Sind wir verzagt, lassen sich Fähigkeiten jeder Art schwer aktivieren.

Verantwortung für Ihr Leben

Wir können vieles von dem, was in unserem Leben geschieht, nicht vorherse-
hen und auch nicht beeinflussen – doch
wir können mitentscheiden, welche
Folgen ein Ereignis für uns hat.

Unsere Interpretation des Geschehenen
entscheidet, welchen Weg wir anschließend einschlagen: Wenn wir glauben,
Opfer der Umstände zu sein, werden
wir untätig bleiben. Wenn wir das Geschehen als Anstoß zu einer Veränderung sehen, dann werden unsere Kräfte
uns in genau diese Richtung führen.

RESSOURCEN ENTDECKEN

Sie haben in Ihrem Leben schon zahlreiche Herausforderungen gemeistert.
Diese Kräfte können, zusammen mit
dem Gefühl der inneren Sicherheit, jederzeit wachgerufen werden. Sicher
gibt es unter all dem, was Sie erlebt haben, auch Erfahrungen, die Sie nach-
wirkend gekränkt, verstört oder nieder-
gedrückt haben. Wenn Sie sich aber
immer wieder vergegenwärtigen, wie
furchtbar das war, was Ihnen widerfahren ist, lernen Sie daraus nur, sich Sorgen zu machen, dass es wieder passieren könnte. Wenn Sie sich hingegen
fragen, was die Lehre daraus war und
wie Sie künftig besser mit Geschehnis-
sen dieser Art zurechtkommen können,
richten Sie damit den Fokus auf Ihre Fähigkeiten und Stärken.

Oft erkennen wir erst in der Rückschau,
wofür ein schmerzliches Geschehen gut
war, was wir dadurch gelernt haben und
welche neuen Fertigkeiten wir entwickeln konnten. Dies kann in schwierigen Situationen Kraft und Zuversicht
geben: Es waren bestimmte Talente und
Fähigkeiten, die uns geholfen haben,
den Kopf oben zu behalten.

KRISENMANAGEMENT

●

Nehmen Sie Ihr Logbuch zur Hand. Notieren Sie drei Probleme in Ihrem Leben, die für Sie schwer zu bewältigen waren, etwa weil sie aus heiterem Himmel auftauchten oder durch eigene Fehlentscheidungen verursacht wurden. Stellen Sie sich folgende Fragen:

▸ Was hat dazu beigetragen, dass ich diese Zeit überstehen konnte?

▸ Was hat mir die Kraft gegeben, diese Sache zu bewältigen oder aus der Welt zu schaffen?

▸ Wie habe ich mir damals Mut zugesprochen?

▸ Was habe ich in dieser Situation konkret getan?

▸ Welche persönlichen Stärken habe ich dabei eingesetzt?

▸ Was habe ich dabei gelernt, das mir später half, mit ähnlichen Situationen zurechtzukommen?

Erweitern Sie nun Ihre Liste persönlicher Fähigkeiten und Talente auch um diejenigen, die Ihnen anhand erlebter Erfolge einfallen. Denken Sie dabei auch an Eigenschaften und Fertigkeiten, die Ihnen selbstverständlich erscheinen. Es soll und darf eine möglichst lange Liste werden. Betrachten Sie die Liste Ihrer Fähigkeiten so oft wie möglich – besonders dann, wenn Sie wieder dabei sind, sich mit Sorgengedanken zu plagen.

Eine wichtige Funktion nimmt dabei auch der innere Dialog ein, die Art und Weise, wie wir mit uns selbst sprechen. Wir führen jeden Tag eine Vielzahl von Selbstgesprächen. Wir bewerten und kommentieren, was wir wahrnehmen, denken und tun, wir geben uns selbst Anweisungen, wir fällen Urteile über uns und über andere. Auch Sorgen und Befürchtungen können Bestandteile des beständigen inneren Gespräches sein.

Je nachdem, wie wir die inneren Dialoge gestalten, können wir uns damit ermutigen oder entmutigen. Und dies nimmt Einfluss auf unsere Gefühle und unser körperliches Befinden sowie auf die Entscheidungen, die wir treffen.

SELBSTGESPRÄCHE UNTER DER LUPE

●

Beobachten Sie in den nächsten Tagen verschiedene Situationen, in denen Sie Selbstgespräche führen, und machen Sie sich dazu Notizen in Ihr Logbuch. Was sagen Sie zu sich selbst, wenn Sie ...

▸ ein Problem zu Ihrer Zufriedenheit gelöst haben?

▸ für ein Problem auch nach mehreren Anläufen noch keine Lösung finden konnten?

▸ sehen, dass mehr auf Ihrer To-do-Liste steht, als Zeit ist?

▸ sich gesundheitlich nicht recht auf der Höhe fühlen?

▸ sich auf eine Präsentation, einen Vortrag oder etwas Ähnliches vorbereiten?

▸ sich bei der Arbeit einen schwerwiegenden Schnitzer geleistet haben?

▸ von Ihrem Chef, einem Kollegen oder einem Kunden kritisiert wurden?

▸ von Ihrem Chef, einem Kollegen oder einem Kunden gelobt wurden?

▸ feststellen, dass Ihre absolute Lieblingshose neuerdings an mehreren Stellen kneift?

▸ sich dabei ertappen, dass Sie den Einstieg in eine anstehende Aufgabe immer wieder aufs Neue verschieben?

▸ sich zu einer unangenehmen oder sehr zeitraubenden Arbeit haben überreden lassen?

▸ feststellen, dass das Schnäppchen, das Sie meinten, gemacht zu haben, sich als Fehlgriff entpuppt?

Betrachten Sie anschließend Ihre Notizen zu diesen Fragen. Bei welchen Beispielen würden Sie das Gleiche auch zu einer guten Freundin sagen? Bei welchen nicht? Was würden Sie ihr stattdessen sagen? Seien Sie auch sich selbst eine gute Freundin oder ein guter Freund!

Sich selbst ermutigen

Wann immer Ihnen also künftig bewusst wird, dass Sie sich gerade eine Sie selbst entmutigende Botschaft senden wie »Das schaffe ich doch eh nicht«, »Es geht sowieso schief« oder »Ich bin einfach zu … (blöd, unbegabt, unfähig)«, dann heißt es: Stopp! Einem Freund oder einer Freundin würden Sie doch wohl kaum so etwas sagen. Nein, Sie würden stattdessen ermutigende Worte wählen, auf seine oder ihre Fähigkeiten verweisen und versuchen, ihm oder ihr den Rücken zu stärken. Warum also sollten Sie nicht auch zu sich selbst so freundlich sein?

zu orientieren, die in einer ähnlichen Situation waren und sie bewältigt haben. Wir denken uns: »Wenn er / sie das geschafft hat, dann könnte es mir doch auch gelingen.« Das gibt uns Auftrieb und Zuversicht.

An Vorbildern lässt sich beobachten, wie sie sich in bestimmten Situationen verhalten, welche Strategien sie dabei einsetzen und auf welche persönlichen Ressourcen sie zurückgreifen. Die meisten Menschen geben sehr bereitwillig ihre Erfahrungen weiter, denn schließlich ist es auch schmeichelhaft, als kompetent angesehen zu werden.

Erfahrungen anderer nutzen

Vorbilder sind nicht nur für junge Menschen wichtig, sie können uns in jedem Lebensalter Impulse und Anregungen geben. Gerade wenn wir uns mit scheinbar unlösbaren Problemen konfrontiert sehen, hilft es, uns an Menschen

INTERVIEW MIT EINEM VORBILD

•

Widmen Sie sich in Ihrem Logbuch einem Problem, das Sie bisher noch nicht haben lösen können – sei es ein emotionales oder ein ganz praktisches (oft ist es, genau betrachtet, ohnehin beides). Überlegen Sie:

▶ Wer in Ihrem Freundes- oder Bekanntenkreis oder in der Verwandtschaft hat ein ähnliches Problem wie das Ihre erfolgreich bewältigt? Wer könnte folglich über Kenntnisse und Strategien verfügen, die Sie jetzt gut brauchen könnten?

▶ Notieren Sie die Namen. Wählen Sie dann jene Person aus, die am ehesten infrage kommt, und bitten Sie sie um eine Verabredung.

▶ Wenn es so weit ist, konzentrieren Sie sich bei diesem Gespräch vor allem auf die Fragen »Wie?« und »Was?«. Wie hat der / die andere das Problem angepackt? Wie sahen die einzelnen

Schritte oder Maßnahmen zur Lösung aus? Was hat ihm / ihr besonders geholfen? Was war eher hinderlich?

▶ Scheuen Sie sich nicht, ganz gezielte Fragen zu stellen, um sich ein möglichst eindrückliches und genaues Bild von der erfolgreichen Strategie des anderen zu machen.

▶ Überlegen Sie danach – eventuell gemeinsam –; welche der Schritte sich möglicherweise auf Ihr eigenes Problem übertragen lassen und was Sie konkret unternehmen können.

Erstellen Sie später in Ruhe aus Ihren auf diese Weise gesammelten Erkenntnissen Ihren eigenen Schritt-für-Schritt-Plan und achten Sie darauf, die einzelnen Schritte gut handhabbar zu gestalten. Auf diese Weise stellen sich schon bald erste Erfolgserlebnisse ein, die Sie zum Weitermachen motivieren und Sie bestärken.

Am besten, wir gehen mit offenen Augen durch die Welt und nehmen wahr, was lösungsorientierte Menschen um uns herum sagen und tun, wie sie ihren Handlungsspielraum nutzen, statt im Problemdenken stecken zu bleiben. Wie machen sie das? Bringen wir in Erfahrung, warum bei ihnen das »ABC« anders aussieht als bisher bei uns – und eifern wir ihnen nach.

Es geht nicht darum, andere zu imitieren, sondern darum, unseren Denk- und Handlungsspielraum zu erweitern: Wie bekommt die Kollegin es hin, gelassen zu bleiben, auch wenn um sie herum das Chaos tobt? Was hat ein Freund getan, um die drohende Mietkündigung abzuwenden? Wie schafft es unsere Nachbarin, trotz Krankheit optimistisch in die Zukunft zu blicken?

Lassen Sie sich inspirieren und versuchen Sie das, was Sie erfahren haben, auf Ihre eigene Situation anzuwenden. Natürlich gibt es keine Garantie dafür, dass das, was bei anderen wirkt, auch für Sie das Richtige ist – doch das Ausprobieren schafft neue Erfahrungen und hilft Ihnen, Ihren eigenen Weg zu finden und beherzt zu beschreiten.

DIE PERSÖNLICHE ERMUTIGUNGSFORMEL

Was wir bisher gelernt haben: Unser Ziel sollte es nicht sein, absolut frei von Sorgen zu leben. Denn das wäre unrealistisch und würde nur Enttäuschungen nach sich ziehen. Vielmehr sollten wir daran arbeiten, mit dem, was uns zu schaffen macht, so umzugehen, wie es für unser Wohlbefinden und unsere Weiterentwicklung stimmig ist. Unlösbares innerlich loslassen – für Lösbares eine Lösung finden: Vor dieser Herausforderung werden wir immer wieder stehen. Um diese Neuorientierung in unserem Denken zu verankern, hilft es uns, ein kraftvolles persönliches Motto zu formulieren.

Ein solches persönliches Motto ist ein selbstbestärkender Satz, der ein Gefühl des Selbstvertrauens aufruft. Wir machen uns damit Mut. Dies unterstützt uns, ähnlich wie das Vergegenwärtigen von Sicherheit (siehe Übung Seite 72), das anzupacken, was anzupacken ist. Gedanken, die wir immer wieder denken, formen sich zu Überzeugungen – im Negativen wie im Positiven. Unterschätzen Sie dies niemals!

PERSÖNLICHE ERMUTIGUNGSFORMEL

•

Nachfolgend finden Sie einige Beispiele für ermutigende Sätze. Wenn einer Sie spontan anspricht, übernehmen Sie ihn einfach.

► Ich habe bisher immer eine Lösung gefunden, also finde ich auch jetzt eine Lösung.

► Aus allem, was passiert, kann ich etwas lernen.

► Es geht weiter, auch wenn ich den Weg erst jetzt entdecken werde.

► Egal, was passiert, ich werde es bewältigen.

► Wenn sich eine Tür schließt, öffnet sich eine andere.

► Yes, I can!

► Ich erlaube mir zu vertrauen. Mehr und mehr.

► Ich vertraue darauf, dass alles gut wird.

► Alles, was passiert, nutzt mir auf irgendeine Weise.

► Alles hat einen Sinn, auch wenn ich ihn jetzt noch nicht erkenne.

► Es ist, wie es ist, und ich mache das Beste daraus.

Wählen Sie aus diesen Beispielen denjenigen Satz aus, bei dem Sie das beste Gefühl haben. Verändern Sie vielleicht noch etwas an der Formulierung, sodass er noch besser zu Ihnen passt, oder denken Sie sich einen eigenen Satz aus, bei dem Sie ganz genau spüren, dass er Ihnen Kraft gibt. Als Wegweiser dient Ihnen dabei Ihr Gefühl.

Der Satz sollte so beschaffen sein, dass Sie – ohne jeden Vorbehalt – eine innere Resonanz verspüren, sodass er Sie ermutigt und Sie sich wirklich mit ihm identifizieren.

GEDULD UND AUSDAUER FÜHREN ZUM ERFOLG

Gerade wenn uns Ängste und Befürchtungen schon viele Jahre begleitet haben, sind sie nicht »von jetzt auf gleich« einfach abzustellen. Wenn wir neue Möglichkeiten ausprobieren und Feuer und Flamme dafür sind, etwas verändern zu wollen, bewegt sich anfangs oft erstaunlich viel auf einmal. Dies stärkt unseren Optimismus. Doch wenn der Reiz des Neuen vorbei ist und wir in den Niederungen des Alltags alle möglichen Probleme lösen müssen, tritt Ernüchterung ein. Die Motivation droht zu sinken. Doch das muss nicht sein.

Bleiben Sie am Ball

Machen Sie sich immer wieder bewusst, dass alte Muster oft zählebig sind und es somit völlig normal ist, wenn sie wieder und wieder das Ruder übernehmen wollen. Wenn Sie jedoch Geduld beweisen und am Ball bleiben, kommen Sie voran auf dem Weg zu mehr Gelassenheit und Selbstvertrauen, können sich besser konzentrieren, schlafen ruhiger und sind nicht mehr so leicht aus der Fassung zu bringen. Wo früher die Zaghaftigkeit zu Hause war und tausend Befürchtungen den Horizont verdunkelten, entfaltet sich Zug um Zug ein starkes Selbstvertrauen.

Der Teil des Buches, den Sie gerade durchgearbeitet haben, hat sich voll und ganz dem Selbstwertschätzungskiller Zukunftsangst gewidmet. Im zweiten Teil geht es nun darum, negative Überzeugungen, die wir uns im Lauf unseres Lebens angeeignet haben, kritisch zu hinterfragen und an ihre Stelle neue, optimistische und bestärkende Überzeugungen zu setzen. Damit haben Sie bei den Übungen von Seite 76 und 80 schon Erfahrungen gesammelt und auf den folgenden Seiten werden Sie diese weiter vertiefen. Es geht nun darum, die Selbstakzeptanz zu festigen, das Vertrauen in sich selbst weiter zu stärken und sich neue Ziele zu setzen.

»Der Mann, der den Berg abtrug, war derselbe, der anfing, kleine Steine wegzutragen.«

CHINESISCHES SPRICHWORT

SELBSTBEWUSSTSEIN STÄRKEN: 5 IMPULSE

Aufbauend auf dem vorigen Kapitel, in dem Sie trainieren konnten, Sorgengedanken in den Griff zu bekommen, folgen nun 5 beflügelnde Impulse für Ihr Selbstbewusstsein. Dabei spielt wieder Ihr Logbuch eine besondere Rolle.

1 SICH SELBST VOLL UND GANZ ANNEHMEN

Wann sind wir eigentlich selbstbewusst? Das ist dann der Fall, wenn unser Selbstwertgefühl stark und stabil ist. Dieses Empfinden für unseren eigenen Wert (siehe auch Seite 11) setzt sich aus unterschiedlichen Aspekten zusammen und ist nicht in jeder Situation und in jedem Lebensbereich gleich gut ausgeprägt. Der eine fühlt sich vielleicht ganz wohl in seiner Haut und kann sich selbst gut akzeptieren, würde sich aber gerne mehr zutrauen und hat das Gefühl, dass eigentlich viel mehr in ihm steckt. Einem anderen werden Mut und Zielstrebigkeit bescheinigt. Er hat kein Problem damit, auch schwierige Aufgaben anzupacken – solange er die Ergebnisse nicht vor anderen präsentieren muss. Ein Dritter wiederum kommt gut mit seinem sozialen Umfeld aus und hat seinen Platz in der Gemeinschaft gefunden – aber im stillen Kämmerlein nagen immer wieder Selbstzweifel an ihm. Wo auch immer Ihr Selbstwertgefühl Schwächen hat: Sie können auch hier die Initiative ergreifen und sich gezielt weiterentwickeln.

Ein gutes Selbstwertgefühl braucht als Basis Selbstakzeptanz – die Fähigkeit, sich selbst anzunehmen und zu mögen. Das bedeutet nicht, sich für besser, klüger, schöner als andere zu halten. Es hat nichts mit Hochmut oder Egoismus zu tun, es geht nicht darum, sich aufzuwerten, indem wir andere abwerten. Es bedeutet einfach, zu den eigenen Stärken und Schwächen zu stehen.

ICH BIN ICH – MIT ALLEM DRUM UND DRAN

Unsere schwachen Seiten kennen wir meist ziemlich gut. Kritisieren auch Sie sich häufig selbst, hadern mit Ihrem Aussehen, mit Ihren geistigen Fähigkeiten oder mit bestimmten Charaktereigenschaften? Meist sind wir mit uns selbst viel strenger als mit jedem anderen Menschen. Häufig mündet dies in Selbstvorwürfe: »Wenn ich nur attraktiver, schlanker, reicher, klüger, erfolgreicher, ausgeglichener, witziger ... wäre, dann könnte ich mich akzeptieren, dann hätten ja auch die anderen eine bessere Meinung von mir.«

Der sinnlose Kampf gegen sich selbst

Es fördert Selbstakzeptanz und Selbstvertrauen nicht, wenn man ständig etwas an sich auszusetzen hat. Vielmehr mündet das in einen Zustand chronischer Unzufriedenheit. Dann stressen wir uns permanent selbst, indem wir uns scheinbare Unzulänglichkeiten vorwerfen und uns unentwegt mit Befehlen antreiben wie »Du musst endlich ...«, »Du solltest nicht immer ...«, »Du darfst bloß nicht noch mal ...«.

Doch es ist paradox: Je mehr wir gegen Schwächen und Mängel ankämpfen, uns dafür schämen und verurteilen, desto hartnäckiger treten diese Eigenschaften hervor. Zudem verringert sich durch eine solche Zermürbungstaktik die Chance, wirklich etwas positiv verändern zu können und zu mehr Selbstakzeptanz zu finden.

Die Alternative: Frieden schließen

Ist es nicht sinnvoller, mit den eigenen Mängeln Frieden zu schließen? Ebenso, wie Sie auch Ihren Sorgen erlaubt hatten, da zu sein? Schließlich scheint es ja keine erfolgversprechende Strategie zu sein, sich selbst ständig mit der Knute dazu anzutreiben, vermeintliche Schwächen, Fehler und Unzulänglichkeiten auszumerzen. Wenn Sie sich erst dann wertvoll fühlen, sobald Sie ohne Fehler und Makel sind – wann, schätzen Sie, werden Sie perfekt sein? In zehn Jahren? In zwanzig? Wohl nicht in diesem Leben, denn der perfekte Mensch müsste ja erst noch erfunden werden.

Es ist keine Frage von Perfektion und Makellosigkeit, ob jemand zu sich selbst Ja sagen kann. Entscheidend ist vielmehr die innere Einstellung. Wer sich selbst mit einem Defizitbewusstsein betrachtet, sich also grundsätzlich als nicht gut genug ansieht, der wird auch dann nicht mit sich zufrieden sein, wenn er zehn Kilo abgenommen hat, Abteilungsleiter geworden ist oder für selbstlosen ehrenamtlichen Einsatz das Bundesverdienstkreuz erhalten hat. Jeder Erfolg wird nur als ein Strohfeuer brennen – bis sich die wohlbekannte Unzufriedenheit und das Gefühl der Unzulänglichkeit wieder breitmachen. Genau deswegen geht es darum, nach und nach vom bisherigen Defizitbewusstsein weg und hin zum Entwicklungsbewusstsein zu kommen.

VOM DEFIZIT ZUR ENTWICKLUNG

Sagen Sie sich die beiden folgenden Sätze einmal laut vor und nehmen Sie jeweils aufmerksam wahr, was dabei so alles in Ihrem Körper und in Ihrem Geist passiert.

Vergessen Sie nie: Unsere Gedanken werden unsere Lebenswirklichkeit!

Defizitbewusstsein

»Ich bin nicht gut genug. Ich muss erst … werden, bevor ich mich selbst akzeptieren kann.«

Entwicklungsbewusstsein

»Ich bin gut so, wie ich bin, und ich will mich so weiterentwickeln, wie ich selbst es für richtig halte.«

»Aber«, so werden Sie jetzt vielleicht einwenden, »wenn ich mich einfach mit allen meinen Fehlern akzeptiere, dann entwickle ich mich doch nicht mehr weiter. Wo bleibt denn dann der Anreiz? Wenn ich nicht unzufrieden mit dem Ist-Zustand bin, habe ich doch keine Motivation, etwas zu ändern.«

Ja, sicher kann Unzufriedenheit hilfreich sein, um das zu verändern, was Sie verändern wollen. Doch letztlich hilft es Ihnen überhaupt nicht weiter, sich wegen dieser oder jener Schwäche oder Unzulänglichkeit so lange mies fühlen zu müssen, bis Sie – durch härteste Arbeit an sich selbst – so weit gekommen sind, dass Sie sich einigermaßen gnädig gegenüberstehen.

Besser ist es, die eigenen Schwächen und Fehler von vorneherein als Bestandteil der Persönlichkeit zu akzeptieren. Einmal andersherum gefragt: Wie würde es sich anfühlen, wenn Sie sich in den nächsten fünf Minuten einmal mit allem Drum und Dran einfach annehmen? Ihre schönen Augen zum Beispiel ebenso wie die wohlgerundeten Hüften, Ihr Organisationstalent ebenso wie die Rechtschreibschwäche? Uns anzunehmen ist der erste Schritt und die Basis dafür, wirklich etwas zu verändern. Denken Sie auch daran: Oft sind es die Fehler und Macken, die jemanden erst interessant und liebenswert machen.

ÜBUNG

SICH SCHWÄCHEN VERZEIHEN

●

Sorgen Sie dafür, dass Sie etwa eine halbe Stunde ungestört sind, und nehmen Sie auch für diese Übung wieder Ihr Logbuch (siehe Seite 26) samt Stift zur Hand. Vervollständigen Sie darin für sich die folgenden Sätze, soweit Ihnen etwas zu dem jeweiligen Satzanfang einfällt:

▸ Was ich an mir am wenigsten leiden kann, ist ...

▸ An meinem Aussehen macht mir am meisten zu schaffen ...

▸ Als meine schlechten Eigenschaften betrachte ich ...

▸ Außerdem schäme ich mich besonders für ..., weil ...

▸ Ich fühle mich den anderen unterlegen bei ...

▸ Mein größtes Problem in Bezug auf mich selbst ist ...

▸ Besonders neidisch bin ich auf ..., und zwar weil ...

Was spüren Sie, wenn alles auf dem Papier steht? Bestürzung darüber, dass Sie eine so schlechte Meinung von sich haben? Erleichterung darüber, sich alles von der Seele geschrieben zu haben? Überraschung darüber, dass Sie sich gar nicht so ungnädig beurteilen?

Ziehen Sie einen Strich unter Ihre Liste und formulieren Sie ein persönliches Fazit, so oder ähnlich: »Ich akzeptiere all das als einen Teil von mir. Ich liebe mich mitsamt alldem, was da steht. Es gibt niemanden, der perfekt ist, und auch ich muss nicht perfekt sein. Ich bin okay so, wie ich bin.«

Lesen Sie Ihr persönliches Fazit über mehrere Wochen hinweg täglich einmal durch, am besten laut. Konzentrieren Sie sich auf Ihre Worte. Nicken Sie, während Sie lesen. Lassen Sie die Gedanken in sich nachklingen.

Würdigen Sie Ihre Stärken

Ein wohlwollender Umgang mit den eigenen Schwächen ist natürlich nur die eine Seite der Medaille. Die andere ist, auch Ihre persönlichen Stärken zu erkennen, Ihre ganz persönliche Mischung aus Talenten und Fähigkeiten, aus Begabungen, Kenntnissen und Erfahrungen. Vielleicht ist Ihnen das ganz spontan erst einmal unangenehm. Heißt es nicht: »Eigenlob stinkt«? Doch in dem Maße, in dem Sie beginnen, sich mit allem, was Sie ausmacht, zu akzeptieren und zu lieben, wächst Ihr Selbstvertrauen und Sie werden unempfindlicher gegenüber Kritik von anderen.

Wie Sie konzentriert dabeibleiben

Neurowissenschaftler gehen davon aus, dass es für eine dauerhafte Verhaltensänderung mindestens sechzig bewusster Impulse bedarf. Wir müssen neues Denken und Verhalten also etwa sechzigmal wiederholen, bis es »sitzt«.

Im Alltag gibt es viele Möglichkeiten, Ihr neues Selbstverständnis einzuüben. Stoppen Sie sich, sobald Sie etwas denken wie »Ich bin doch eine dumme Nuss!« oder »Wie sehe ich bloß aus!«.

Rufen Sie sich innerlich zu: »Stopp, so nicht.« Je sensibler Sie für destruktive Selbstkritik werden, desto leichter fällt es Ihnen, die schwächenden Sätze auszutauschen: »Na, das habe ich nicht richtig gelöst, aber ich hab was daraus gelernt«, »Ich bin heute nicht in Bestform, aber ich mag mich trotzdem«.

PERSÖNLICHES BE-GRÜSSUNGSRITUAL

Werfen Sie sich morgens im Bad künftig einen Blick im Spiegel zu, lächeln Sie sich an, wünschen Sie sich einen guten Morgen und sagen Sie sich ein paar aufmunternde Worte wie »Hallo du, ich wünsche dir alles Gute für den Tag« oder »Hi, viel zu tun heute, doch das kriegst du prima hin!«.

Haben Sie dabei ein gutes oder ein »Ja-aber«-Gefühl? Seien Sie unbesorgt, wenn es sich anfangs »komisch« anfühlt. Das gibt sich nach ein paar Malen.

NACHBARS RASEN IST NICHT GRÜNER!

Wissenschaftliche Studien zum Thema Glück sind derzeit »in«. Das Grundfazit: Glück ist zu einem viel geringeren Teil von äußeren Umständen abhängig, als viele denken. Auch die Gene spielen nur eine kleine Rolle. Entscheidend für Glück und Zufriedenheit ist unsere Einstellung zu uns selbst und zum Leben! Wenn wir neidisch auf andere schielen – auf ihr gutes Aussehen, ihr höheres Gehalt, ihre größere Beliebtheit –, handeln wir destruktiv, besonders wenn wir uns dann vorwerfen, nicht mithalten zu können. Wir fühlen uns dann mies, klein und benachteiligt und untergraben unser Selbstwertgefühl.

Auch der Versuch, mehr Selbstwertgefühl aus dem Vergleich mit Schwächeren, Ärmeren, Unattraktiveren zu ziehen, ist eine Sackgasse. Man trumpft kurzfristig innerlich auf, zu echter innerer Stabilität trägt das aber nicht bei.

Wie auch immer Ihre Lebenssituation aussieht: Ihr Wert als Person bleibt davon unberührt. Aussehen, Besitz, Wissen, Fähigkeiten und Leistungen machen niemanden zu einem wertvolleren oder weniger wertvollen Menschen.

Je besser es Ihren gelingt, sich selbst anzunehmen und zu lieben, desto unwichtiger wird das Messen an anderen und desto gelassener und zufriedener werden Sie.

2 ACHTSAMKEIT FÜR SICH SELBST

Während es in Abschnitt 1 darum ging, Ihren Blick auf sich selbst positiv zu verändern, geht es nun darum, Ihre Selbstakzeptanz mental, psychisch und körperlich zu verankern. Dies geschieht, indem Sie sich selbst genauer kennenlernen und Achtsamkeit für Ihre Bedürfnisse entwickeln. In allen spirituellen Traditionen wird Achtsamkeit als Schlüssel dafür betrachtet, die Wahrnehmung der eigenen Person und der Umgebung zu verändern.

Achtsamkeit üben Sie, indem Sie zunächst in Ihren Körper hineinspüren und sich dann der Gedanken und Gefühle bewusst werden, die Sie in diesem Augenblick erfüllen.

Sie können dabei nichts falsch machen und Sie müssen sich nicht korrigieren. Es geht nicht darum, sich zu besseren oder positiveren Gedanken und Gefühlen zu zwingen, sondern darum, ohne Wertung das wahrzunehmen, was da ist. Anstatt sich mit kritischen Augen zu betrachten, üben Sie, Ihren Blick interessiert und aufmerksam auf sich selbst zu richten.

ÜBUNG

SELBST-BEWUSSTSEIN

●

Halten Sie einen Augenblick inne und legen Sie dieses Buch aus der Hand. Atmen Sie ein paarmal tief durch und fragen Sie sich:

▸ Wie geht es mir jetzt, in diesem Moment?

▸ Womit bin ich gerade in Gedanken beschäftigt?

▸ Wie fühle ich mich? Was genau fühle ich?

▸ Wie atme ich?

▸ Was wünsche ich mir jetzt gerade für mich selbst?

Nehmen Sie die Antworten einfach wahr, ohne etwas verändern zu wollen. Ihre Gedanken, Gefühle, Bedürfnisse und Wünsche sind in Ordnung, so, wie sie sind. Spüren Sie dem, was Sie wahrnehmen, noch etwas nach.

Mit dieser einfachen Übung zeigen Sie sich selbst, dass Sie sich diese Aufmerksamkeit wert sind. Sie dürfen so sein, wie Sie sind, und Ihre Bedürfnisse achten. Machen Sie diese Achtsamkeitsübung mehrmals am Tag, in ganz unterschiedlichen Situationen: morgens, in Arbeitspausen, nach Feierabend. Genießen Sie es, währenddessen ganz bei sich zu sein, sich im besten Sinne in den Mittelpunkt der eigenen Welt zu rücken. Schreiben Sie in Ihr Logbuch, was Ihnen dabei auffällt: Gibt es Muster, die Sie erkennen? Bestimmte wiederkehrende Gefühle oder Gedanken?

GUT FÜR SICH SORGEN

Achtsamkeit zeigt sich auch darin, wie gut Sie für sich selbst sorgen. Essen oder trinken Sie rechtzeitig, statt Hunger oder Durst einfach zu ignorieren? Machen Sie Pausen, sorgen Sie für frische Luft, gönnen Sie sich Bewegung und Entspannung, wenn Ihnen danach ist?

> »Ein jeder gibt den Wert sich selbst.«
>
> FRIEDRICH VON SCHILLER

Der achtsame Umgang mit den eigenen Wünschen drückt aus, dass Sie sich selbst als wichtig genug betrachten, um Ihrem Körper, Ihren Empfindungen und Bedürfnissen Zeit und Aufmerksamkeit zu schenken. Dies alles stärkt Ihr Selbstwertgefühl.

Notieren Sie Ihre Wünsche und Bedürfnisse

Wenn Sie die Achtsamkeitsübung regelmäßig durchführen, tauchen wahrscheinlich auch immer wieder Wünsche und Bedürfnisse in Ihnen auf, die sich nicht sofort erfüllen lassen oder die Ihnen zunächst unmöglich erscheinen. Nehmen Sie sie einfach wahr und notieren Sie sie in Ihrem Logbuch. Legen Sie eine Wunschliste mit all dem an, was Sie für sich als wichtig erachten. Gehen Sie dabei ganz nach Ihrem Gefühl vor. Schreiben Sie nicht auf, was Sie meinen, wünschen zu »sollen«, sondern sammeln Sie nur Wünsche, die Sie selbst deutlich in sich spüren. Das können auch ganz verrückte Dinge sein oder Bedürfnisse, die Ihnen vielleicht banal erscheinen, die aber einfach lange zu kurz gekommen sind.

ERFÜLLTE AUGENBLICKE

•

Erinnern Sie sich an Augenblicke, in denen Sie vollkommen zufrieden waren, ganz eins mit sich und Ihrer Umgebung. Diese Fragen können Ihnen helfen, der Erinnerung auf die Spur zu kommen:

► Wo und wann habe ich mich richtig wohlgefühlt?

► In welcher Situation und in wessen Gegenwart konnte ich ganz entspannt, gelassen und einfach ich selbst sein?

► Wann habe ich über einer Aktivität schon einmal alles um mich herum vergessen?

► Wann hatte ich das Gefühl, geborgen, integriert und rundum gut aufgehoben zu sein?

► Wobei ging mir alles ganz leicht und mühelos von der Hand?

► In welcher Situation haben mir Tätigkeiten und Umfeld Kraft gegeben, statt sie mir zu rauben?

Finden Sie mindestens fünf solcher Situationen, gern auch mehr, und notieren Sie sie in Ihrem Logbuch. Beschreiben Sie die Situation, Ihr Empfinden und Ihre eigene Rolle darin möglichst genau.

Dies schärft Ihre Wahrnehmung für jene Menschen, Dinge und Aktivitäten, die Ihnen wirklich etwas bedeuten, die Sie erfüllen und die Sie glücklich machen.

Vielleicht haben Sie an dieser Stelle schon die eine oder andere Idee, wie Sie solche Momente häufiger erleben könnten. Notieren Sie sie gleich mit dazu in Ihrem Logbuch.

STOLZ AUF SICH SELBST

Ein Gefühl des Stolzes fühlt sich anders an als das Gefühl, von etwas erfüllt zu sein. Spielt bei den erfüllten Augenblicken eher die Selbstakzeptanz eine Rolle, so steht bei Momenten, in denen Sie stolz auf sich sind, das Selbstvertrauen im Vordergrund. Das vertiefen Sie mit der nachfolgenden Übung.

Setzen Sie Glanzlichter

Schaffen Sie sich bewusst immer wieder kleine und größere Momente, in denen Sie sich selbst zeigen, dass Sie Ihre Wünsche und Bedürfnisse achten, dass Sie stolz auf sich sind und wertschätzend mit sich umgehen. Zähe alte Überzeugungen und Gewohnheiten lassen sich am besten durch das konsequente Einüben neuer Denk- und Verhaltensmuster entmachten.

Nehmen Sie sich an jedem Tag drei Dinge vor, mit denen Sie sich selbst eine besondere Freude machen. Das muss nichts Großes sein. Es geht um die Geste, die signalisiert: Ich bin es mir wert. Notieren Sie sich am besten eine Liste mit Ideen für solche Glanzlichter in Ihrem Logbuch.

ÜBUNG

STOLZ VERSPÜREN

●

Überlegen Sie, in welchen Situationen Sie stolz auf sich selbst waren, sodass Sie ein Gefühl der Befriedigung verspürten. Sicher gab es viele Herausforderungen in Ihrem Leben, die Sie angenommen und bewältigt haben. Nehmen Sie die folgenden Fragen als Hilfestellungen:

▸ Welche Probleme haben Sie schon gelöst?

▸ Wann haben Sie kluge Entscheidungen getroffen?

▸ Welche Konflikte haben Sie überwunden?

▸ Welche Prüfungen haben Sie bestanden? Denken Sie dabei nicht nur an schulische oder berufliche Erfolge.

Finden Sie mindestens fünf solcher Augenblicke und notieren Sie sie in Ihrem Logbuch.

3-MAL TÄGLICH 1 DOSIS GLÜCK

Montag

Dienstag

Mittwoch

KINO

Donnerstag

Freitag

Samstag

Sonntag

3 DENKMUSTER VERÄNDERN

Warum kommen uns abwertende Gedanken und Vorstellungen über uns selbst so beharrlich in den Sinn?

Wir folgen mit der Art unseres Denkens inneren Programmen, also Gewohnheiten im Denken und Beurteilen. Etliche davon haben wir von anderen übernommen, wieder andere beruhen auf Schlüssen, die wir aus bestimmten Erfahrungen gezogen und dann verallgemeinert haben.

ANGRIFFE VON INNEN GEZIELT ABWEHREN

Verallgemeinerungen geben uns Sicherheit, sie führen aber auch leicht zu Vorurteilen und machen uns unflexibel. Denn wenn wir alles immer schon im Vorhinein zu wissen meinen, hemmen wir damit unsere Experimentierfreude und berauben uns der Möglichkeit, neue, vielleicht auch viel positivere Erfahrungen zu machen. Jeder von uns hat eine solche innere Instanz, die das, was wir wahrnehmen, blitzschnell mit dem abgleicht, was schon an Mustern im Gedächtnis verdrahtet ist. Wenn unser Selbstwertgefühl schwach ist, dann sind diese Gedächtnisspeicher oft angefüllt mit Kritik, Vorwürfen, Abwertung und Vorbehalten. All das schwächt uns, lässt uns zaghaft und unsicher werden. Es raubt uns die Unbefangenheit und den Spaß am Tun. Wir bremsen uns dann selbst aus oder schaden uns, ohne es zu wollen.

Ihre bisherigen Denkmuster mit allen enthaltenen Wertungen prägen momentan Ihr Leben und werden dies so lange tun, bis Sie sich dafür entscheiden, sie kritisch zu hinterfragen und gezielt zu verändern.

Entsorgen Sie nun konsequent selbst entwertende Denkmuster und ersetzen Sie sie Schritt für Schritt durch neue Überzeugungen, die Ihr Selbstwertgefühl stärken.

> *»Viele Leute glauben zu denken, dabei ordnen sie lediglich ihre Vorurteile neu.«*
>
> WILLIAM JAMES

Nach einiger Zeit werden Sie dann bei–spielsweise nicht mehr automatisch denken: »Das schaffe ich nie. Ich weiß doch, dass ich zwei linke Hände habe.« Stattdessen sagen Sie sich etwas wie: »Klar packe ich das an. Was brauche ich dazu, um diese Aufgabe zu lösen?«

5 SCHRITTE ZUR VERÄNDERUNG

▸ Sich prägende Denkmuster bewusst machen.

▸ Die Richtigkeit dieser Muster systematisch anzweifeln.

▸ Neue, stärkende Überzeugungen formulieren.

▸ Sich erlauben, die alten Denkmuster zu entsorgen.

▸ Die neuen Überzeugungen systematisch einüben.

Wie Sie diese 5 Schritte zur Veränderung konkret in die Praxis umsetzen können, lesen Sie im Folgenden.

MACHEN SIE SICH PRÄGENDE DENKMUSTER BEWUSST

Blättern Sie noch einmal zurück zum Test in der vorderen Umschlagklappe und betrachten Sie Ihre Bewertungen zu den Testaussagen. Einige der Sätze fanden Sie sicher besonders zutreffend. Welche waren das? Die Antwort auf diese Frage hilft Ihnen dabei, negativen Denkmustern auf die Spur zu kommen. Notieren Sie die besonders zutreffenden Aussagen in Ihrem Logbuch.

Ergänzen Sie die Aussagen um weitere Überzeugungen, die Ihnen oft in den Kopf kommen, etwa wenn Ihnen etwas gelungen ist oder wenn Sie einen Fehler gemacht haben, wenn jemand Ihre Vorzüge hervorhebt oder wenn Sie übersehen werden, wenn Ihr Chef Sie mit einer neuen Aufgabe betraut oder jemand Ihre Arbeit kritisiert. Wenn Sie sich dieser Bewertungen und Denkmuster bewusst geworden sind, können Sie beginnen, ihnen auf den Grund zu gehen: Gibt es eine Sorge oder Befürchtung, die hinter all diesen Aussagen steckt? Zum Beispiel die Furcht, etwas falsch zu machen? Die Furcht, im Zentrum der Aufmerksamkeit zu stehen und kritischen Bemerkungen ausgesetzt zu sein? Forschen Sie nach, woher die Furcht kommt. Steckt eine Erfahrung aus der Kindheit dahinter, nichts falsch machen zu dürfen, wenn Sie in Ihrer Familie für voll genommen und anerkannt werden wollten? Oder hören Sie im Geiste immer noch den pingeligen Lehrer, der jeden Fehler mit ätzendem Spott kommentierte? Solche Erfahrungen können lange nachwirken.

Je unmittelbarer Ihnen automatisch selbstentwertende Denkmuster in den Sinn kommen, desto wahrscheinlicher ist es, dass Sie ähnliche Sätze früher von anderen Menschen gehört haben. Dabei ist es egal, ob Sie sich im Vorhinein entmutigen (»Das kann ich nicht, ich brauche es gar nicht erst zu versuchen«) oder ob sich die Wertung in Selbstvorwürfen äußert (»Es war ja klar, dass ich es nicht hinkriege«). Beispielsweise kommt Ihnen, während Sie gerade erwägen, sich um die frei werdende Abteilungsleiterstelle zu bewerben, Ihre Tante in den Sinn. Die hat früher häufig gesagt: »Kind, lass das bleiben, das schaffst du nicht.« Mit der Übung auf Seite 100 können Sie sich solche Erinnerungen bewusst machen und nachforschen, woher die entsprechenden Verhaltensmuster stammen.

DETEKTIV IN EIGENER SACHE

Forschen Sie nach, welche negativen Einschätzungen über sich selbst, über Ihre Fähigkeiten und Erfolgsaussichten besonders stark und zählebig sind. Ein Hinweis: Es hängt davon ab, wie wichtig die Person für Sie war, die diese Sätze äußerte, wie häufig Sie diese Sätze hörten und wie stark das Denkmuster mit Gefühlen verknüpft war.

Wie Sie Verständnis für die Zusammenhänge entwickeln

So widersinnig das jetzt klingen mag: Versuchen Sie das Verhalten Ihrer Bezugsperson zu verstehen, die Ihnen damals solche Urteile eingegeben hat. Damit entkräften Sie die Botschaften nämlich schon teilweise. So erscheinen Ihnen beispielsweise die Überzeugungen der Tante nun viel weniger in Stein gemeißelt. Vielleicht fühlte sich die Tante ja selbst häufig mutlos und warnte Sie vor Herausforderungen, weil sie ihr selbst unüberwindbar vorkamen. Möglicherweise wollte sie Sie vor Enttäuschung bewahren. Oder sie neigte zu Depressionen, möglicherweise hatte sie auch eine Menge schlechte Erfahrungen gemacht. Der zynische, unfaire Lehrer war möglicherweise mit einer lebhaften Klasse überfordert. Indem er sich auf die Fehler seiner Schüler stürzte, konnte er von seinem eigenen Unterlegenheitsgefühl ablenken. Oder vielleicht hatte er einfach den Spaß am Unterrichten verloren.

Vielleicht war die Mutter, die Ihren Entdeckungsdrang bremste, insgeheim neidisch, weil sie sich selbst als Kind eher als ängstlich und unbeholfen erlebt hat. All das kann sein.

Erinnern Sie sich an die entsprechenden Situationen und fühlen Sie sich in die Person hinein, die Sie damals kritisiert und entmutigt hat. Welche einschränkenden Denkmuster mögen das Verhalten dieser Personen gesteuert haben? Stellen Sie ruhig ganz unterschiedliche Vermutungen an.

Damit soll keineswegs gutgeheißen werden, was die jeweilige Person Ihnen an einschränkenden Botschaften auf Ihren Weg mitgegeben hat. Es soll nur deutlich machen, wie subjektiv die Weltsicht war, aus der heraus Ihnen entmutigende Botschaften beigebracht wurden. Machen Sie sich klar: Die Sätze von damals sind nicht wahr. Sie sagen lediglich etwas über die Tante, den Lehrer, die Mutter aus, aber nicht über Sie.

»Mitten im Winter erkannte ich endlich, dass es in mir einen unbesiegbaren Sommer gibt.«

ALBERT CAMUS

ERINNERUNGSCHECK

●

Nehmen Sie wieder Ihr Logbuch (siehe Seite 26) und einen Stift zur Hand und notieren Sie, was Sie früher von Bezugspersonen über Ihre Person gehört haben. Schreiben Sie alles auf, was Ihnen in den Sinn kommt, und schreiben Sie jeweils dazu, von wem diese Aussagen stammen. Die folgenden Fragen dienen Ihnen dabei als Anhaltspunkte.

► Wie wurde über Ihre Fehler und Schwächen gesprochen?

► Welche wurden besonders hervorgehoben?

► Wie wurden Ihre Stärken, Fähigkeiten und Talente beschrieben?

► Welche wurden besonders betont?

► Wie wurde Ihr Charakter beurteilt?

► Was haben Sie über Ihr Aussehen gehört?

► Welche Vermutungen wurden über Ihre Zukunft angestellt?

Unterstreichen Sie diejenigen Aussagen, die Ihnen besonders bedeutsam erscheinen oder die starke Emotionen auslösen. Nehmen Sie diese unterstrichenen Sätze jetzt noch einmal näher in Augenschein:

► Haben Sie das, was da gesagt wurde, für bare Münze genommen und Ihr Verhalten entsprechend angepasst? Ist das häufig passiert? Nur manchmal? Eher selten?

► Haben Sie das Gesagte innerlich abgelehnt und sich in die entgegengesetzte Richtung entwickelt, sind in Opposition gegangen?

Sicher wissen Sie jetzt, welche der Sätze, die Sie früher häufig hörten, als Gedankenmuster noch immer in Ihrem Leben wirksam sind. Welche dieser alten Glaubenssätze würden Sie gerne entkräften und entsorgen? Markieren Sie sie farbig.

ZWEIFELN SIE DIE MUSTER SYSTEMATISCH AN

Wenn Sie nachvollziehen können, woher Ihre Denkmuster stammen und vor welchem Hintergrund sie entstanden sind, wird eines klar: Die Menschen, die sie damals formulierten, waren nicht unfehlbar. Sie hatten ihre Schwächen und ganz subjektiven Überzeugungen. Zweifeln Sie deshalb die negativen Denkmuster ganz bewusst an. Wenn etwa die Tante damals meinte, Sie könnten bestimmte Dinge nicht, muss das noch lange nicht den Tatsachen entsprechen. Selbst wenn sie damals recht gehabt hätte: Niemals konnte sie Aussagen über den Verlauf Ihres Lebens treffen, es sei denn, sie hätte hellseherische Gaben.

Lassen Sie nicht länger zu, dass veraltete negative Zuschreibungen Macht über Sie haben. Stellen Sie all diese einschränkenden, einengenden Denkmuster auf den Prüfstand.

Nehmen Sie sich die Sätze vor, die Sie in Ihrem Logbuch unterstrichen und farbig markiert haben. Vielleicht steht dort etwas wie »Du bringst doch nie etwas zu Ende«. Jetzt suchen Sie nach Gegenbeispielen: Haben Sie nicht die Schule abgeschlossen? Den Führerschein gemacht? In der Firma ein Projekt von A bis Z durchgezogen? Die Urlaubsreise geplant? Sammeln Sie möglichst viele Widerlegungen. Merken Sie, dass das Denkmuster sich nun nicht mehr allgemeingültig anfühlt?

FORMULIEREN SIE NEUE DENK-MUSTER

Wenn Sie Ihre einschränkenden Denkmuster ausgiebig mit Gegenbeispielen attackiert haben, nehmen Sie Ihre Liste wieder zur Hand und überlegen sich zu jeder dieser Positionen eine Überzeugung, die Sie viel lieber an die Stelle des alten Denkmusters setzen würden. Auf der nächsten Seite finden Sie einige Beispiele dafür.

Nun stehen zwei Denkmuster im Widerspruch zueinander und Sie müssen entscheiden: Wollen Sie weiter der Tante, dem Lehrer, der Mutter glauben? Oder möchten Sie lieber neue Erfahrungen machen? Auch wenn das früh übernommene Denkmuster Ihnen gewohnter ist als Ihr neues: Zutreffender ist es deshalb keineswegs.

ALTE UND NEUE DENKMUSTER

▸ Aus »Kannst du eh nicht. Das brauchst du gar nicht zu versuchen« wird »Ich pack das an und mache neue Erfahrungen«.

▸ Aus »Du bist eben langweilig. Keiner will etwas von dir wissen« wird »Ich bin gut informiert und habe vieles beizutragen«.

▸ Aus »Du schaffst es doch nie, dich zu ändern« wird »Veränderungen brauchen Zeit. Aber ich werde es schaffen!«.

Bedenken Sie auch das Prinzip der selbsterfüllenden Prophezeiung: Jedes Mal, wenn Sie »Das kannst du doch eh nicht« zu sich sagen, wird Ihr Gehirn das als Aufforderung auffassen – Sie werden unbewusst versuchen, dieser zu entsprechen, und die Herausforderung halbherzig angehen. So ist die Wahrscheinlichkeit des Scheiterns hoch. Anschließend fühlen Sie sich bestätigt: »Kann ich eh nicht. Wusste ich es doch.«

Und dann bleibt alles so, wie es war. Genau umgekehrt wirkt dagegen der stärkende Gedanke!

ALTE MUSTER ENTSORGEN

Wenn Sie sich für die neue Überzeugung entschieden haben, heißt das nicht, dass die alte automatisch weg ist. Sie wird noch eine Zeit lang wie gewohnt auftauchen. Wenn sie sich wieder einmal meldet, schütteln Sie den Kopf und sagen etwa: »Das darf vorbei sein« oder »Schnee von gestern«. Rufen Sie unmittelbar danach Ihre neue Auffassung auf: »Ich packe das an und mache neue Erfahrungen.« Bekräftigen Sie dies mit der kleinen Formel »Ich kann. Ich darf. Ich will«. Nicken Sie und nehmen Sie ein paar tiefe Atemzüge. Dieses kleine Ritual der Bekräftigung hilft, von hinderlichen Denkmustern frei zu werden und stärker auf neue Überzeugungen zu vertrauen. Entscheidend ist dabei, dass Sie den stärkenden neuen Gedanken möglichst oft und zu verschiedenen Gelegenheiten wiederholen und bekräftigen. Dann wird er irgendwann automatisch abgerufen und der alte spielt keine Rolle mehr.

Der innere Kritiker

Meist haben wir es neben entmutigenden alten Mustern auch mit eigenen perfektionistischen Ansprüchen zu tun. Beobachten Sie sich in den nächsten Tagen einmal beim Lösen einer anspruchsvolleren Aufgabe. Wie gehen Sie dabei mit sich um? Sagt eine ermutigende Stimme »Gut gemacht. Ein paar Kleinigkeiten fehlen, aber das wird schon«? Oder ertönt es nörgelig »Hier fehlt was, da fehlt was. Du bist eben einfach unfähig«?

Mit einem solchen inneren Kritiker, der uns mit der Nase auf unsere Schwächen, Fehler und Unzulänglichkeiten stößt, haben wir wenig zu lachen: Mit »Warum hast du nicht?« beginnt die Litanei und sie endet mit dem vernichtenden Urteil: »Du bist einfach zu (…)!«.

Wenn Sie in Ihrem Logbuch die Liste der entmutigenden Gedanken und die Notizen dazu noch einmal durchlesen, sehen Sie, dass hinter jedem dieser Denkmuster ein Anspruch steht – meist ein überzogener. Aus diesen Quellen bezieht Ihr innerer Kritiker seine Munition: Du sollst, musst, darfst nicht … Diese Perfektionsansprüche sind vor langer Zeit entstanden und haben sich durch stetige Wiederholung verfestigt. Selbstvorwürfe erzeugen Stress und damit Spannung im Körper. Je mehr wir mit uns selbst hadern, desto eher wird die Anspannung zum Dauerzustand.

Schaffen Sie kritikerfreie Zonen

Achten Sie darauf, sich selbst eher Freund oder Freundin als Kritiker zu sein. Natürlich geht es nicht darum, den inneren Kritiker abzuschaffen und künftig alles, was Sie tun, über den grünen Klee zu loben. Wir brauchen diese aufmerksame Instanz, die es uns ermöglicht, Situationen und Verhaltensweisen differenziert einzuschätzen und aus eigenen und fremden Fehlern zu lernen. Richten Sie sich lieber kritikerfreie Zonen ein und legen Sie andererseits Bereiche fest, wo Ihr innerer Kritiker nützlich ist, wo er für Sie und nicht gegen Sie arbeitet. Kritisiert wird von Ihrer inneren Instanz, falls erforderlich, Ihr Tun; Sie als Person sind hier außen vor. Auch während Sie neue Ideen entwickeln, bleibt der Kritiker still. Erst wenn daraus konkrete Pläne werden, wird er zu Ihrem Vorhaben befragt.

Notieren Sie in Ihrem Logbuch:

- In welchen Situationen kann der innere Kritiker hilfreich sein?
- Wo ist die Grenze? Wo darf er ab sofort nicht mehr dazwischenfunken?

Wann immer Ihr innerer Kritiker nach alter Gewohnheit beginnt, Sie auf kränkende Weise zu verurteilen oder eine Idee madig zu machen, sagen Sie sofort: »Stopp! Das ist nicht dein Ressort!« Atmen Sie durch und schicken Sie eine Selbstbestärkung hinterher: »Ich liebe und akzeptiere mich voll und ganz.« Wenn Sie nach einiger Zeit Ihren inneren Kritiker im Griff haben (und nicht er Sie), wird Ihr innerer Umgangston wertschätzend und freundlich.

Mutmacher: der innere Coach

Diese Entwicklung können Sie noch weiter unterstützen, indem Sie Ihren ermutigenden Kräften, Ihrem »inneren Coach«, mehr Raum geben. Wahrscheinlich stand er bisher im Schatten des Kritikers. Nun, da Sie diesem die Grenzen aufgezeigt haben, kann sich der innere Coach besser entfalten.

Er kann die Gestalt einer guten Freundin annehme, eines Förderers aus Ihrer Vergangenheit oder auch die eines Engels, eines Sagenhelden, einer guten Fee oder einer Figur aus einem Film. Wichtig ist, dass von ihm Güte, Wohlwollen, Verständnis und Mitgefühl ausgehen.

Diese wohlwollende innere Instanz ist wichtig für das Selbstwertgefühl. Nicht nur als Kontrapunkt zum inneren Kritiker, sondern auch weil sie für stetige Selbstermutigung sorgt und damit zur machtvollen Kraftquelle für Sie werden kann, gerade in schwierigen Zeiten.

ÜBEN SIE NEUE MUSTER SYSTE-MATISCH EIN

Reservieren Sie sich für ein regelmäßiges Rendezvous mit Ihrem inneren Coach zwei- bis dreimal pro Woche je– weils etwa eine Viertelstunde Zeit. Legen Sie dafür zwei oder drei Termine pro Woche fest. Lassen Sie sich von ihm schildern, was ihm im Laufe der vergangenen Tage aufgefallen ist:

- Wo haben Sie gut für sich und Ihre Bedürfnisse gesorgt?
- Wo haben Sie Ihre neuen statt Ihre alten Denkmuster eingesetzt?
- Was ist Ihnen gelungen und was haben Sie gut gemacht?
- Wo haben Sie Mut gezeigt?
- Worüber haben Sie sich besonders gefreut?

Natürlich können Sie Ihren inneren Coach auch darüber hinaus jederzeit konsultieren und ihn um Rat bitten. Vielleicht befragen Sie ihn auch ganz konkret zur Lösung anstehender Probleme oder bei Entscheidungen, die zu treffen sind. Sich jemanden vorzustellen, der Sie wohlwollend und liebevoll begleitet, kann Sie sehr auf Ihrem Weg unterstützen.

Vielleicht tragen Sie auch einen kleinen Talisman bei sich, einen Gegenstand, der Ihren inneren Coach symbolisiert. Betrachten Sie den Talisman häufig. Jedes Mal, wenn Sie darauf blicken, werden Sie sich blitzschnell der unterstützenden Kraft Ihres inneren Coaches bewusst und Sie können einschränkenden alten Gedankenmustern besser Paroli bieten. Indem Sie lernen, diese alten Überzeugungen durch neue, positive Gewissheiten zu ersetzen, kommen Sie einem stabilen Selbstbewusstsein ein großes Stück näher.

VIER WOCHEN GEDULD

Wie aus verschiedenen Studien hervorgeht, braucht es rund vier Wochen, bis eine neue Gewohnheit »heimisch« geworden ist. Voraussetzung ist, dass Sie regelmäßig, am besten täglich, trainieren.

4 DEN INNEREN REICHTUM VERMEHREN

Ein positives Selbstbild, wohlwollende Gedanken und Gefühle uns selbst gegenüber, das Vertrauen auf unsere Stärken und Fähigkeiten und die Bereitschaft, zu wachsen und zu lernen – all das sind sehr wichtige Ressourcen. Wenn wir uns des eigenen Wertes bewusst sind und es uns darüber hinaus gelingt, das Schöne und Gute in unserem Leben wahrzunehmen, so macht uns das unabhängiger vom Urteil anderer. Auf diese Weise stellt sich ein innerer Reichtum ein, der unser Ich stärkt und beschützt.

Ein solcher innerer Reichtum hilft dabei, sich immer mehr zuzutrauen. Wir haben die Wahl, ob wir unser Inneres zu einem Ort des Haders, der Dürre und der Bitterkeit machen, indem wir uns selbst ablehnen, schlecht behandeln, hart antreiben und ständig kritisieren. Oder ob wir unsere innere Welt bereichern und gedeihen lassen, indem wir unseren Gefühlen, Gedanken, Ideen und Träumen bewusst einen Wert zuerkennen, sie hegen und pflegen und achtsam mit uns selbst umgehen.

Gehen Sie die Aufzeichnungen in Ihrem Logbuch öfter durch und ergänzen Sie sie um neu aufgetauchte Einfälle, Erinnerungen und Vorstellungen. Unterstreichen Sie Gedanken, die Sie als besonders bedeutsam empfinden, in Ihrer Lieblingsfarbe. Hier liegen Ihre Entwicklungsimpulse: Stärken, die sichtbar zu machen sind; Entdeckungen, denen Sie nachgehen können; belastende Gedanken, denen Sie bewusst etwas entgegensetzen können.

Würdigen Sie Ihre Fortschritte

Anhand Ihres Logbuchs können Sie sehen, welche Fortschritte Sie auf Ihrem Weg zu mehr Selbstbewusstsein gemacht haben, in welchem Maße es Ihnen gelungen ist, Ihre Selbstakzeptanz zu erhöhen und Ihr Selbstvertrauen zu stärken. Noch deutlicher wird die Entwicklung, wenn Sie sich selbst einen Brief schreiben, in dem Sie das bisher Erfahrene zusammenfassen. Anregungen zum Inhalt gibt die folgende Übung, für die Sie sich eine gute halbe Stunde Zeit nehmen sollten.

ÜBUNG

POST FÜR SIE!

●

Nehmen Sie einen Stift und ein schönes (Brief-)Papier zur Hand oder legen Sie am Computer eine Textdatei an. Formulieren Sie nun einen Brief an Ihren inneren Coach. Gehen Sie dabei auf folgende Fragen ein:

► Wie geht es mir gerade?

► Was sind die wichtigsten Dinge, die ich auf dem Weg zu mehr Selbstwertgefühl gelernt habe?

► Welche Fehler habe ich in der Vergangenheit gemacht, die ich nicht mehr wiederholen werde?

► Welche der Übungen haben mir besonders wertvolle neue Erkenntnisse gebracht?

► Wie habe ich mich zu Beginn des Übens gefühlt und wie fühle ich mich jetzt – ganz allgemein und in bestimmten Situationen?

► Welche Gedanken würde ich gern an andere weitergeben?

Vielleicht klappt es nicht auf Anhieb, diesen Brief zu schreiben. Aber keine Sorge: Er muss durchaus nicht druckreif klingen.

Legen Sie zunächst einfach eine Stoffsammlung an. Notieren Sie Stichworte zu den einzelnen Fragen. Stellen Sie daraus, vielleicht vorerst am Computer, einen ersten Entwurf für Ihren Brief zusammen, den Sie immer weiter ergänzen und verbessern. Formulieren Sie immer anschaulicher und fügen Sie weitere Ideen und Erkenntnisse hinzu. Legen Sie besonderes Gewicht auf das, was für Sie persönlich am wichtigsten erscheint, heben Sie es vielleicht sogar farbig hervor.

Wenn Ihr Brief fertig ist, drucken Sie ihn aus oder scheiben ihn ins Reine, stecken ihn in einen Umschlag, adressieren diesen an sich selbst, frankieren ihn und schicken ihn los.

Sobald der Brief angekommen ist, feiern Sie dies mit einer kleinen Zeremonie. Zünden Sie eine Kerze an, legen Sie schöne Musik auf und lesen Sie sich den Brief vor. Stellen Sie sich wieder Ihren inneren Coach vor. Nehmen Sie wahr, was er Ihnen sagt und wie er Sie zu weiteren Schritten ermutigt.

Sammeln Sie persönliche Schätze

Besorgen Sie sich ein Kästchen, etwa in Schuhkartongröße, und legen Sie den Brief an Ihren inneren Coach feierlich hinein. Dies ist nun die erste Kostbarkeit für Ihr Schatzkästchen, in dem Sie künftig alles sammeln, was Ihnen wichtig ist, was Sie innerlich berührt, was Ihnen bedeutsam dafür erscheint, Ihr Selbstwertgefühl weiter zu festigen.

Das können Fotos sein, Sinnsprüche, Zitate, Texte, Zeitungsausschnitte, kleine Fundstücke von erkenntnisreichen Spaziergängen – was Sie wollen. Entscheidend ist, dass alles, was Sie hineinlegen, in Ihnen eine positive Resonanz hervorruft und Ihre Zuversicht stärkt. Auf diesen Schatz können Sie jederzeit zurückgreifen, um Kraft und Zuversicht zu schöpfen.

Entdecken Sie Starkes im Schweren

Das Schatzkästchen symbolisiert zudem Ihren wachsenden inneren Reichtum. Den können Sie auch dadurch weiter vermehren, indem Sie negative Erfahrungen und Erinnerungen mit anderen Augen betrachten (siehe auch ab Seite 46).

Vielleicht haben Sie als junger Mensch Schweres erlebt und haben sich schon manches Mal gewünscht, günstigere Startbedingungen gehabt zu haben. Möglicherweise blicken Sie auf eine Schulzeit zurück, in der Sie nicht dazugehörten, gehänselt wurden, es niemandem recht machen konnten, sodass Sie sich klein, unbedeutend und herumgeschubst vorkamen.

Vielleicht hat Ihnen jemand Gewalt angetan oder ein Mensch, von dem Sie Wertschätzung erfahren haben, ist gestorben und hat eine große Lücke in Ihrem Leben hinterlassen. Möglicherweise mussten Sie schon früh erfahren, dass Beziehungen brüchig sein können und vermeintliche Sicherheiten sich urplötzlich in Nichts auflösen. Es gibt viele Erlebnisse, die dazu führen können, dass das Selbstwertgefühl geschwächt wird oder sich gar nicht erst richtig entfalten kann. Doch Sie haben all das überstanden. Ja, bestimmt haben Sie Blessuren davongetragen, aber ausgehalten haben Sie es trotzdem. Also muss es Kräfte in Ihnen geben, die es Ihnen ermöglichen, auch durch die schwersten Zeiten zu kommen.

Welche Kräfte und Ressourcen könnten das gewesen sein? Schauen Sie unter diesem Blickwinkel zurück in die Vergangenheit. Ihre Lebenserfahrungen sind wertvoll. Auch wenn Sie sich einfach manches anders gewünscht hätten: Schweres zu erleben bedeutet immer auch zu wachsen:

- Vielleicht haben Sie durch den frühen Verlust eines Menschen besonders viel Einfühlsamkeit für den Schmerz anderer entwickelt.
- Vielleicht hat ein strenges und kontrollierendes Elternhaus in Ihnen einen starken Drang nach Freiheit geweckt, der Sie nun dazu befähigt, eigenständig zu handeln.
- Vielleicht haben Sie selbst durch Gewalterfahrungen gelernt, nämlich dass Sie sorgfältig auf Ihre Grenzen achten müssen.

ÜBUNG

INNERE RESSOURCEN

•

Notieren Sie Ihre Antworten zu folgenden Fragen in Ihrem Logbuch:
▸ Welche inneren Ressourcen haben Sie – bewusst oder unbewusst – aktiviert, um schwere Zeiten zu überstehen?
▸ Was haben Sie gedacht und getan, um Schweres zu bewältigen?
▸ Welche Eigenschaften und Qualitäten wurden dadurch in Ihnen gestärkt?
Das wird wahrscheinlich etwas Nachdenken erfordern, denn normalerweise schauen wir eher darauf, welche Schäden schwere Erlebnisse hinterlassen haben. Doch in jedem Schmerz steckt auch eine Wachstumschance. Schreiben Sie jede Ressource, die Ihnen eingefallen ist, auf einen eigenen Zettel und legen Sie alle Blätter in Ihr Schatzkästchen.

Diese Erfahrungsschätze haben Ihnen schon in der Vergangenheit geholfen, Erlebtes zu bewältigen.

Holen Sie sie hervor, wenn Sie sich deprimiert fühlen oder wenn wieder einmal die alten Selbstzweifel anklopfen. Denn es tut gut, sich gerade dieser Stärken zu vergewissern.

Finden Sie Sicherheit in sich selbst

Das Verlangen nach Klarheit, Eindeutigkeit und Beständigkeit, nach Schutz und nach Freiheit von Angst gehört zu unserer biologischen Grundausstattung. Dieses Streben nach Sicherheit und Verlässlichkeit hilft uns dabei, uns in der Welt zu orientieren. Gleichzeitig wissen wir, dass das einzig Beständige die Veränderung ist und dass es absolute äußere Sicherheit nicht gibt.

Wir leben in einer Welt, in der wir ständig vielfältigen Informationen und Reizen ausgesetzt sind, in der wir mit extremen Gegensätzen und widersprüchlichen Anforderungen klarkommen müssen, jederzeit mit Ereignissen wie Wirtschafts- und Umweltkrisen, Jobverlust, Unfällen, Krankheiten, Trennungen und Tod rechnen müssen.

Machen Sie sich bewusst, dass Sie das Gefühl der Sicherheit nur in sich selbst finden können. Inzwischen haben Sie ja schon einige Erfahrung damit gesammelt, konstruktiv mit Sorgen und Befürchtungen umzugehen (siehe Kapitel 2). Schaffen Sie sich nun einen inneren Ort der Ruhe, der Ihnen ein Gefühl von Sicherheit und Geborgenheit vermittelt und an dem Sie immer wieder frische Kraft schöpfen können – gerade dann, wenn Sie sich beunruhigt oder ängstlich fühlen. Die Übung auf der nächsten Seite hilft Ihnen dabei.

Immer wenn Sie in einer angespannten Situation den Hort der Sicherheit in Ihrem Inneren aufsuchen, werden Unruhe und Angst zurückweichen. Sie wissen ja: Gleichzeitig beunruhigt und entspannt sein, das geht nicht. Gleichzeitig Angst haben und sich sicher fühlen ebenso wenig.

> *»Niemals war mehr Anfang als jetzt.«*
>
> WALT WHITMAN

ÜBUNG

REISE ZUM INNEREN HORT

•

Nehmen Sie sich etwa eine halbe Stunde Zeit und sorgen Sie dafür, dass Sie ungestört sein können. Machen Sie es sich so bequem wie möglich.

▸ Schließen Sie Ihre Augen und konzentrieren Sie sich auf Ihren Körper.

▸ Spüren Sie, wie der Atem ein- und ausströmt. Fühlen Sie, wie mit jedem Ausatmen Spannung aus Ihrem Körper weicht, sodass Sie sich immer ruhiger und entspannter fühlen.

▸ Stellen Sie sich nun einen Ort vor, an dem Sie sich geborgen und sicher fühlen. Das kann ein realer Platz sein oder einer, den Sie in Ihrer Fantasie erschaffen. Malen Sie sich diesen Ort detailreich aus und tauchen Sie ihn in Ihrer Vorstellung in ein schönes Licht.

▸ In Ihrer Fantasie begeben Sie sich jetzt dorthin. Lassen Sie sich so viel Zeit, wie Sie für Ihre Reise brauchen.

▸ Schauen Sie sich um: Was sehen Sie, was hören, spüren und riechen Sie? Nehmen Sie Farben, Formen, Geräusche, Gerüche ... bewusst wahr.

▸ Spüren Sie die Ruhe, die Kraft und Geborgenheit, die von Ihrem inneren Hort ausgehen. Nehmen Sie diese Eindrücke ganz in sich auf. Lassen Sie sie durch Ihren Körper fließen und spüren Sie ihnen nach. Genießen Sie den Aufenthalt mit allen Sinnen.

▸ Kehren Sie nun langsam gestärkt und voll Zuversicht zurück in Ihre Alltagsumgebung. Spüren Sie in Ihren Körper hinein und nehmen Sie ein paar tiefe Atemzüge.

▸ Spannen Sie Ihre Muskeln nacheinander an, gähnen Sie, recken und strecken Sie sich. Wenn Sie so weit sind, öffnen Sie die Augen und sind nun wieder ganz präsent.

Vielleicht haben Sie sich auf Ihrer Fantasiereise von einer sanften Melodie begleiten lassen, die Ihnen in den Kopf kam? Möglicherweise haben Sie an Ihrem Kraftort auch Ihren inneren Coach angetroffen, der Sie ermutigt und bestärkt hat? Experimentieren Sie mit verschiedenen Varianten Ihrer ganz persönlichen inneren Reise.

Wenn Sie mögen, halten Sie nun Ausschau nach Symbolen, die für den inneren Ort und seine Bedeutung stehen. Hatten Sie sich etwa eine Bucht am Meer ausgesucht, dann wählen Sie vielleicht eine Muschel oder ein Bild der sanft gekräuselten See, in deren Wellen sich die Sonne spiegelt. Wenn es ein blühender Rosengarten war, wählen Sie das Foto einer besonders schönen Rose aus. Tragen Sie dieses Symbol bei sich. Jedes Mal, wenn Sie es betrachten, schafft es eine unmittelbare Verbindung zum Gefühl der inneren Sicherheit.

Das persönliche Motto

Ein persönliches Motto ist ein bestärkender Satz, der Ihre Selbstakzeptanz widerspiegelt und Ihnen Mut macht. Formulieren Sie ihn so offen, dass er bei

IHR PERSÖN-LICHES MOTTO

Hier einige Beispiele, wie ein solches Motto lauten könnte:
- ▸ Ich komme voran – Schritt für Schritt.
- ▸ Das kriege ich hin!
- ▸ Ich bin gut genug.
- ▸ Ich finde einen Weg!
- ▸ Ich baue auf meine Stärken.

vielen verschiedenen Herausforderungen als Mutmacher dienen kann.

Schreiben Sie alle bestärkenden Sätze auf, die Ihnen in den Sinn kommen. Machen Sie eine lange Liste und legen Sie sie dann beiseite. Schlafen Sie eine Nacht darüber und gehen Sie wieder ans Werk: Ergänzen Sie die Liste weiter. Halten Sie die Augen offen für weitere Anregungen, Zitate und Aphorismen. Lassen Sie sich Zeit. Dieser Suchprozess kann ruhig einige Tage in Anspruch nehmen! Lesen Sie Ihre Liste sorgfältig durch und achten Sie dabei auf Ihre Gefühle. Bei den Sätzen, die Sie als besonders passend empfinden, werden Sie einen inneren Kick verspüren. Markieren Sie sie. Bei anderen Mottos kommen dagegen vielleicht Zweifel auf oder sie fühlen sich irgendwie fremd an. Solche Sätze können Sie beiseitelassen.

Experimentieren Sie damit, die markierten Motto-Kandidaten in Du-Form zu formulieren, also: »Du kommst voran, Schritt für Schritt!«, »Das kriegst du hin!« Prüfen Sie, ob sie so stärker auf Sie wirken. Sprechen Sie alle Sätze, die bis jetzt in die engere Wahl gekommen sind, laut aus und achten Sie auf die Resonanz, die sie in Ihnen hervorrufen.

Beziehen Sie außerdem Ihren inneren Coach mit ein, indem Sie sich vorstellen, wie er Ihnen mit den ausgewählten Motto-Sätzen den Rücken stärkt. Wie fühlt sich das jeweils an?

Die wirksamsten Sätze schreiben Sie auf einzelne Zettel und legen diese in Ihr Schatzkästchen.

Derjenige, der sich für Sie ganz besonders bestärkend anfühlt, wird Ihr persönliches Motto. Zumindest für die nächste Zeit. Es kann gut sein, dass Sie in einem halben Jahr einen anderen Satz finden, der dann besonders gut geeignet ist. Das ist völlig okay.

Ihr aktuelles Motto sprechen Sie möglichst häufig laut aus. Schreiben Sie es auf Klebezettel, die Sie auf den Badezimmerspiegel, auf den Kühlschrank, auf die Innenseite der Haustür heften. Schicken Sie sich Ihr Motto selbst als E-Mail, verwenden Sie es als Bildschirmschoner – es darf allgegenwärtig sein, wo Sie stehen und gehen. Keine Angst, dadurch nutzt es sich nicht ab. Im Gegenteil: Je häufiger Sie Ihr Motto lesen und hören, desto wirksamer wird es. Dieser Satz soll Ihnen zur Selbstverständlichkeit werden. Wo sich vorher noch Reste von Entmutigung und Zaghaftigkeit versteckten, lässt Selbstbestärkung Mut und Zuversicht wachsen.

»Wenn es einen Glauben gibt, der Berge versetzen kann, so ist es der Glaube an die eigene Kraft.«

MARIE VON EBNER-ESCHENBACH

5 WISSEN, WAS SIE WOLLEN

Was wir in unserem Leben wirklich wollen, nicht was wir wollen sollten – dies herauszufinden ist äußerst wichtig für jeden von uns. Schließlich will niemand irgendwann feststellen müssen, dass er seine Berufung, seine Talente und Möglichkeiten verschenkt hat.

Mit den Übungen in diesem Buch haben Sie Ihre Selbstakzeptanz gestärkt und den aufmerksamen, liebevollen Blick auf sich selbst trainiert. Wahrscheinlich haben Sie auch die eine oder andere bislang verborgene Qualität in sich entdeckt. Machen Sie die Übungen auch weiterhin. Sie legen damit ein gutes Fundament für Veränderungen, die Sie auf dem Weg zu mehr Selbstbewusstsein und einem starken Selbstwertgefühl weiter voranbringen. Nun wird es darum gehen, Ihr Selbstvertrauen zu stärken.

Wollen Sie etwas im Leben erreichen und etwas Besonderes aus sich und Ihrem Potenzial machen? Dann stehen Sie zu dem, was Sie anstreben. Schauen Sie noch einmal auf die Liste Ihrer Wünsche und Bedürfnisse, siehe Seite 91).

Was ist es, das Sie besonders lockt? Jenseits aller Sachzwänge bestimmen Sie maßgeblich mit, wie Ihre Zukunft aussieht. Die konkreten Ziele, die Sie für sich entdecken, bringen Sie weiter.

Lassen Sie Normen und die Erwartungen anderer in den Hintergrund treten. Es geht um Ihr Lebensglück. Überlegen Sie, wie Sie das, was Ihnen wichtig ist, zum Ausdruck bringen möchten, in Ihrer Arbeit, in Ihrer Familie, in Ihrer Freizeit. Vielleicht ist manches nicht eins zu eins zu verwirklichen. Doch das Wesentliche ist die Richtung, die Sie Ihrem Leben geben. Je mehr Ihrer wichtigen Wünsche und Bedürfnisse Sie sich erfüllen, desto zufriedener leben Sie.

Verbinden Sie Selbstvertrauen und Selbstakzeptanz

Selbstvertrauen hat viel mit Bestätigung zu tun: Wir setzen uns ein Ziel, stellen uns einer Herausforderung, lösen eine Aufgabe und dann bewerten wir unsere Ergebnisse. Daraus ziehen wir dann den Schluss, ob wir diesen Weg weitergehen werden oder nicht.

Manche Menschen tappen dabei jedoch in eine Falle: Sie verknüpfen Leistung und eigenen Wert. Wer jedoch seinen Wert daran misst, wie perfekt ihm etwas gelingt oder dass andere seine Leistung positiv bewerten, steht bei einem Misserfolg ohne Rückhalt da. Genau deswegen ist es wichtig, kontinuierlich die Selbstakzeptanz zu stärken, etwa mit den Übungen auf Seite 87 bis 93.

Sind Sie in der Lage, sich unabhängig von der Verwirklichung Ihrer Ziele selbst anzunehmen, dann weicht die Angst vor Misserfolg, vor Kritik und vor Ablehnung. Sie wissen: Selbst wenn Sie mit dem, was Sie aktuell anstreben, keinen Erfolg haben sollten, nimmt Ihnen dies nichts von Ihrem Wert als Person. Diese Unabhängigkeit ist wichtig, um unbefangen und entspannt an Vorhaben heranzugehen.

Betrachten Sie noch einmal, was Sie zu Ihren Wünschen, Ihren erfüllten Momenten und zu dem, worauf Sie stolz sind, in Ihr Logbuch geschrieben haben. Ergänzen Sie diese Notizen noch um weitere Einfälle und Erinnerungen.

- Wobei fühlen Sie am meisten? Wozu können Sie sagen »Ja, das ist mir wichtig«, »Ja, damit fühle ich mich besonders wohl«, »Ja, hier fühle ich, dass ich ganz ich selbst bin«?
- Wo verspüren Sie Impulse, etwas zu verändern, vorhandene Stärken auszubauen, etwas Neues zu lernen?
- Wovon hätten Sie gerne mehr in Ihrem Leben?

Unterstreichen Sie die Dinge, die Ihnen besonders wichtig sind.

Entfalten Sie Ihr Selbstvertrauen

Was wäre, wenn Sie mehr von den Dingen, die Ihnen wichtig sind, in Ihr Leben integrierten? Welche Auswirkungen hätte dies auf Ihr Selbstbewusstsein? Welche Vorhaben würden Sie dann in Angriff nehmen? Fragen Sie sich:

- Was bedeutet es mir, (mehr) Selbstvertrauen zu besitzen?
- Wenn ich ein gutes Selbstvertrauen habe, was kann ich dann tun, das ich mir jetzt noch nicht zutraue?
- Wie fühle ich mich dann?

Schreiben Sie in Ihr Logbuch, was Ihnen durch den Kopf geht – möglichst spontan. Lassen Sie einfach die Gedanken spazieren gehen. Widmen Sie sich dann der folgenden Übung.

ÜBUNG

EIN TAG IN DER ZUKUNFT

•

Stellen Sie sich vor, Sie gehen wie jeden Abend zu Bett und schlafen ein. Über Nacht kommt eine gute Fee zu Ihnen und gibt Ihnen das Selbstvertrauen, das Sie sich immer gewünscht haben. Am nächsten Morgen wachen Sie auf und ... Woran merken Sie die nächtliche Veränderung?

▸ Wie würden Sie in den Tag starten, wenn Sie plötzlich ein starkes Selbstvertrauen spüren würden?

▸ Wie würden Sie sich selbst wahrnehmen? Was würden Sie über sich denken?

▸ Wie würden Sie sich fühlen?

▸ Wie würden Sie sich bewegen? Wie sähe Ihr Haltung, Ihre Gestik, Ihre Mimik aus?

▸ Welche Pläne würden Sie für den Tag verfolgen, wenn Sie endlich so stark wären, wie Sie es sich immer gewünscht haben?

▸ Welche Überzeugungen hätten Sie dann in Bezug auf sich selbst, Ihren Job und Ihre Beziehungen zu anderen?

▸ Was wäre an diesem Tag besonders wichtig für Sie?

▸ Mit wem würden Sie sich dann gern gleich einmal treffen und welchen Gesprächsthemen würden Sie sich dabei widmen?

▸ Was würden Sie unterlassen? Womit würden Sie sich nicht (mehr) beschäftigen? Was wäre nun völlig unwichtig für Sie?

Nehmen Sie wieder Ihr Logbuch zur Hand und konzentrieren Sie sich darauf, konkrete Antworten auf all diese Fragen zu finden.

Je anschaulicher Sie formulieren, desto besser ist es. Wenn Ihnen weitere Aspekte Ihres künftigen selbstbewussten Ichs einfallen, schreiben Sie sie ebenfalls auf.

Blicken Sie nun aus der Zukunft zurück in die Gegenwart und tragen Sie die Impulse aus dieser Fantasiereise zusammen. In dem, was Sie sich für Ihren Tag in der Zukunft ausgemalt haben, spiegeln sich Ihre Wünsche und großen Sehnsüchte wider.

Daraus können Sie konkrete Ziele entwickeln. Ausschlaggebend ist, dass Sie das formulieren, was Ihnen selbst wichtig ist – keine Erwartungen, die andere an Sie haben mögen.

In der Übung haben Sie gespürt, wie es sich anfühlt, souverän und selbstbestimmt Ihren Tag zu gestalten. Wie könnte der Weg dahin aussehen?

Aktivieren Sie sich

Einen Weg vor sich zu sehen beflügelt und ist die Voraussetzung dafür, vom Denken zum zielgerichteten Handeln zu kommen. Nun gilt es, sich aktiv in Richtung des Zukunftsbildes zu bewegen, damit die neuen Impulse und Ideen nicht im Alltag untergehen. Schon der Entschluss, eigene Ziele zu definieren, Schritte dorthin zu planen und zu gehen, stärkt Sie. Sie signalisieren sich selbst damit, dass Sie es sich wert sind, aktiv Veränderungen herbeizuführen.

Konkrete, selbstbestimmte Ziele schaffen Orientierung und erleichtern es, Prioritäten zu setzen und Unwichtiges beiseitezulassen.

Wenn Sie also erkannt haben, wohin Sie möchten, setzen Sie sich erreichbare Ziele und Zwischenziele und schreiben Sie sie in Ihr Logbuch. Formulieren Sie positiv: Es geht darum, was Sie erreichen möchten, nicht um das, was Sie nicht mehr wollen: »Ich will ...« anstelle von »Ich will nicht mehr ...«.

Das Auflisten ist hier besonders wichtig: Sie vergessen nichts und Ihre Vorhaben gewinnen an Verbindlichkeit, weil Sie alles schwarz auf weiß haben. Wählen Sie dann intuitiv jene zwei oder drei (nicht mehr!) Ziele aus, die Sie am meisten beflügeln. Starten Sie mit realistischen, überschaubaren Vorhaben. Erst später, wenn Sie schon kleinere Erfolge feiern konnten, nehmen Sie sich etwas Größeres vor.

> »Es gibt nichts Gutes, außer man tut es.«
>
> ERICH KÄSTNER

117

Sobald Sie wissen, welche Ziele Sie zuerst erreichen wollen, bekräftigen Sie dies mit einer persönlichen Selbstverpflichtung. Die kann beispielsweise lauten: »Ja, ich will künftig meine Ansichten klar formulieren und einbringen, und zwar am Arbeitsplatz und privat.« Oder: »Ja, ich will Wege finden, mein gestalterisches Talent auszuleben und konkret anzuwenden.«

Schreiben Sie diese Selbstverpflichtung nieder und vergegenwärtigen Sie sich dabei noch einmal die positiven Folgen, die Sie zu spüren bekommen, wenn Sie Ihr Ziel erreicht haben. Wie wird sich Ihr Leben verändern? Notieren Sie diese Vorteile direkt unter den von Ihnen angestrebten Zielen.

Bedenken Sie auch die Konsequenzen

Häufig scheitert die Umsetzung von Plänen daran, dass wir die Nebenwirkungen unseres Handelns nicht berücksichtigt haben. Alles hat seinen Preis, auch eine positive Veränderung. Wenn Sie es beispielsweise bisher oft nicht gewagt haben, einen eigenen Standpunkt zu vertreten, haben Sie sich vermutlich über sich selbst geärgert, wurden unterschätzt und oft übergangen. Andererseits haben Sie dadurch Konflikte vermieden, weil man Sie nicht als Bedrohung empfand. Setzen Sie sich nun das Ziel, Ihr Selbstvertrauen zu stärken, sodass Sie in Zukunft souveräner auftreten und Ihre Meinung einbringen, dann gefällt diese Veränderung womöglich nicht allen. Ebenso ist es, wenn Sie das Neinsagen üben ...

Beziehen Sie solche »Kosten« in Ihre Überlegungen mit ein und treffen Sie eine bewusste Entscheidung: Nehmen Sie sie in Kauf? Oder möchten Sie lieber weiter lieb und nett im Schatten stehen? Fragen Sie sich, was die Verwirklichung Ihrer Ziele Sie an Zeit und Kraft und vielleicht auch an Geld kosten wird. Gibt es noch weitere Nachteile, die Sie einkalkulieren müssen?

Wenn Sie bewusst die Nachteile in Ihre Entscheidung mit einbeziehen, erkennen Sie am besten, wie stark Ihre Motivation ist. Prüfen Sie also alle Ihre Ziele noch einmal sorgfältig:

- Welche »Kosten« könnte dieses Ziel verursachen?
- Was hat mehr Gewicht, die Vorteile oder die Nachteile?

Fangen Sie gleich an

Vielleicht waren Sie es bislang gewohnt, zwar gute Vorsätze zu fassen und Pläne zu machen, aber konkretes Handeln in die Zukunft zu verschieben. Die Erfahrung zeigt jedoch, dass Veränderungen dann gute Chancen für Erfolg haben, wenn innerhalb von 72 Stunden, nachdem der Entschluss gefallen ist, die ersten konkreten Schritte zur Umsetzung getan werden.

Nutzen Sie also schon den heutigen Tag, um sich in die gewünschte Richtung zu bewegen. Machen Sie einen ersten kleinen Schritt. Nehmen Sie sich etwas vor, das leicht umzusetzen ist und Ihnen rasch ein Erfolgserlebnis beschert. Und dann bleiben Sie dran. Bewegen Sie sich in den nächsten Tagen immer wieder ein Stückchen weiter in die gewünschte Richtung.

Denken Sie sich einfache Herausforderungen aus, denen Sie sich stellen. Lassen Sie sich bei Ihren einzelnen Schritten von Ihrem inneren Coach begleiten, der Sie ermutigt und Ihre Erfahrungen und Fortschritte würdigt. Halten Sie außerdem schriftlich in Ihrem Logbuch fest, was Sie gerade gemeistert haben.

So können Sie Ihren Fortschritt Tag für Tag sichtbar machen.

Gestehen Sie sich Zeit zu

Die Herausforderungen kontinuierlich, aber langsam zu steigern ist bei allen persönlichen Entwicklungsvorhaben wichtig. Vielleicht neigen Sie dazu, möglichst viel in möglichst kurzer Zeit erreichen zu wollen. Da besteht aber die Gefahr, sich zu überschätzen und daran zu scheitern – mit fatalen Folgen für Ihre Motivation. Wählen Sie daher die Etappen auf dem Weg zu Ihrem Ziel gut handhabbar und gehen Sie erst dann einen Schritt weiter, wenn Sie sich beim Erreichten richtig sicher fühlen. Fordern Sie von sich selbst nicht, dass alles auf Anhieb klappt. Freuen Sie sich über jeden Fortschritt, auch wenn er Ihnen gering erscheint.

> *»Kleine Taten, die man ausführt, sind besser als große, die man nur plant.«*
>
> GEORGE MARSHALL

Präsentieren Sie sich neu

Je weiter Sie nun – auch mithilfe der Übungen in den vorangegangenen Kapiteln – Sorgen und belastende Erinnerungen loslassen konnten und verinnerlicht haben, dass Sie als Person liebenswert sind, desto mehr dürfte sich auch Ihr Auftreten verändert haben. Mit einem Zuwachs an Selbstwertgefühl sehen Sie nicht nur die Welt mit neuen Augen: Auch Sie werden von den Menschen in Ihrer Umgebung anders wahrgenommen. Es kann sein, dass sich Ihre Körperhaltung automatisch strafft, dass Sie aufrechter als bisher sitzen und gehen, dass Sie herzlicher lachen, verbindlicher reden, gezielter gestikulieren und öfter Nein sagen, wenn jemand Sie vereinnahmen will.

Vielleicht verändern sich auch Gewohnheiten – indem Sie beispielsweise mehr Wert auf Qualität legen, statt zu finden, dass das Billigste schon gut genug für Sie ist, oder dass Sie Lust darauf bekommen, Ihr Äußeres zu verändern, einen neuen Kleidungsstil auszuprobieren, eine andere Frisur zu wählen … Unser Outfit ist der sichtbare Ausdruck unseres Selbst. Die Menschen, denen wir täglich begegnen, erhalten durch unser Erscheinungsbild Informationen über unser Selbstverständnis. Bewusst oder unbewusst streben wir stets danach, unsere Identität, unsere Gedanken und Gefühle nach außen abzubilden. Niemandem ist es gleichgültig, wie er sich präsentiert, auch wenn manche dies von sich behaupten. Jeder wählt sein äußeres Erscheinungsbild nach persönlichen Gesichtspunkten, die viel mit dem Selbstwertgefühl zu tun haben. Beginnen Sie damit, Ihr Plus an Gelassenheit, Selbstakzeptanz und Selbstvertrauen auch in Ihrem Erscheinungsbild, Ihrer Körpersprache und der Gestaltung Ihrer Umgebung sichtbar werden zu lassen.

Überlegen Sie, was zu Ihrem neuen Selbstverständnis und Ihrer Sicht auf die Welt passt. Erlauben Sie sich dabei Neugier und Experimentierfreude. Nehmen Sie Ihr Outfit, Ihre Accessoires, Ihre Wohnung, Ihr Büro – alles, womit Sie ständig zu tun haben – unter die Lupe und fragen Sie sich, was es über Ihre Persönlichkeit aussagt. Passt es noch? Oder möchten Sie jetzt eigentlich etwas anderes ausdrücken?

PERSÖNLICHER STILCHECK

●

Nehmen Sie Ihr Äußeres und Ihre Umgebung in einer ruhigen halben Stunde bewusst wahr und fragen Sie sich:

▸ Was in meiner Umgebung ist Ausdruck meines persönlichen Stils? Und was steht hier eigentlich nur herum, ohne dass es noch eine echte Funktion oder Bedeutung hat? Gefällt mir das so oder will ich es eigentlich ganz anders?

▸ Welche Kleidungsstücke, Accessoires, Möbel, Bilder ... drücken meine Persönlichkeit und meine persönlichen Vorlieben aus? Welche haben nichts mit mir zu tun?

▸ Welche Dinge, die ich besitze, gehen mir eigentlich gehörig auf die Nerven — weil sie unpraktisch sind, abgenutzt, reparaturanfällig oder einfach nicht schön? Wann gedenke ich mich davon zu befreien?

▸ Durch welche Dinge wird sichtbar, was mir bisher wichtig war? Wenn mir jetzt andere Dinge wichtig sind, was möchte ich folglich auch äußerlich verändern?

▸ Was sage ich derzeit der Welt mit der Wahl meiner Kleidung, meiner Frisur, meines sonstigen Outfits über mich aus? Welche Botschaft sende ich in die Welt hinaus? Passt das Äußere noch oder will ich lieber eine andere Botschaft übermitteln?

Achten Sie ganz bewusst auf Ihre Gefühle, Nützlichkeitserwägungen können Sie für einen Moment beiseitelassen. Natürlich spielen sie auch eine Rolle, aber bei diesen Überlegungen geht es erst einmal darum herauszufinden, was Sie wirklich mögen und als angenehm empfinden, was zu Ihnen passt und was nicht.

Es ist natürlich nicht notwendig, nun alles auf den Kopf zu stellen. Betrachten Sie die äußeren Veränderungen vielmehr als hervorragende Möglichkeit, sich für die kommenden Entwicklungsziele zu bestärken. Sortieren Sie zunächst alles aus, was einen nachlässigen oder lieblosen Umgang mit sich selbst widerspiegelt. Diese Dinge haben keinen Platz mehr in Ihrem Leben.

Notieren Sie sich dann, was Sie alles verändern möchten und welche Anschaffungen dafür erforderlich sind. Sie finden ihren Platz auf der Wunsch- und Belohnungsliste. Für jedes erreichte Zwischenziel gönnen Sie sich etwas von diesen neuen Dingen. Die Vorfreude darauf wird Sie beflügeln.

Probieren Sie Verschiedenes aus, um den Stil zu finden, der Ihr neues Selbstverständnis widerspiegelt. In Ihrem Outfit, in Ihrer Wohnung, in Ihrem Büro. Was empfinden Sie als stimmig?

»Alle Träume können wahr werden, wenn wir den Mut haben, ihnen zu folgen.«

WALT DISNEY

Das Selbstmanifest

Ein Selbstmanifest ist eine Art Grundsatzpapier, das Sie immer wieder an das erinnert, was Ihnen wichtig ist. Ein Beispiel dafür finden Sie auf der rechten Seite. Es will Ihnen lediglich Anregungen für Ihr eigenes Selbstmanifest geben: Vielleicht setzen Sie andere Prioritäten, vielleicht sind auch ganz andere Aspekte Ihres persönlichen Entwicklungsprozesses für Sie von Belang. Formulieren Sie Ihr eigenes Manifest mit den Punkten, die für Sie besonders bedeutsam sind. Ob es mehr oder weniger sind als in dem Beispiel, spielt keine Rolle. Richten Sie sich ganz nach Ihrem Gefühl. Alle Aussagen in Ihrem Manifest sollten Ihrer ganz persönlichen Überzeugung entspringen und nicht dem, was Sie nach Meinung anderer sinnvoll finden sollten.

Je deutlicher Ihr persönliches Manifest das spiegelt, was Ihnen wichtig ist, desto kraftvoller wirkt es. Es gibt Ihnen Sicherheit und Halt, wenn Sie zweifeln und sich mutlos fühlen. Es wird Ihnen dabei helfen, jeden Tag so zu gestalten, dass auch Ihre persönlichen Wünsche und Ziele Berücksichtigung finden.

DAS SELBSTMANIFEST

Ein Manifest (von lat. manifestus = »handgreiflich gemacht«) ist eine Erklärung von Zielen und Absichten, die für den oder die Verfasser von grundlegender Bedeutung ist. Schreiben Sie Ihr eigenes Manifest! Nehmen Sie dafür feierlich einen Füllfederhalter zur Hand oder wählen Sie am Computer eine Schrift aus, die Sie besonders mögen. Das Papier, auf dem Ihr Manifest steht, sollte hochwertig sein.

Verwahren Sie Ihr Manifest in einer Mappe und nehmen Sie es häufig zur Hand. Lesen Sie es Satz für Satz durch und bekräftigen Sie jeden Satz mit einem Nicken. Ihr Manifest wird Sie durch leichte und schwierige Zeiten begleiten und Ihre Zuversicht stärken. Hier ein Beispiel für ein wertschätzendes Selbstmanifest:

§1 Ich liebe und akzeptiere mich mit allem, was mich ausmacht: Stärken, Schwächen, Eigenarten, Wünsche.

§2 Ich orientiere mich daran, was ich für mich als sinnvoll erkannt habe, und reise weiter in diese Richtung – immer näher zu dem, was mich erfüllt.

§3 Ich verzeihe mir Schwächen und die Fehler, die ich auf meinem Weg mache.

§4 Ich gehe mit anderen Menschen so um, wie ich mir wünsche, dass sie mit mir umgehen.

§5 Ich weiß all das zu schätzen, was gut in meinem Leben ist.

BÜCHER, DIE WEITERHELFEN

WEITERE BÜCHER AUS DEM GRÄFE UND UNZER VERLAG

Appel, Jenny: *Wer wachsen will, braucht starke Wurzeln*

Bao, Shi Yan; Späth, Dr. Thomas: *Shaolin. Das Geheimnis der inneren Stärke*

Berkhan, Barbara: *Wahre Stärke muss nicht kämpfen*

Betz, Robert: *Dein Weg zur Selbstliebe*

Engelbrecht, Sigrid: *Lass los, was deinem Glück im Wege steht*

Engelbrecht, Sigrid: *Schalt die Welt auf Pause*

Engelbrecht, Sigrid: *Wer zuerst lacht, lacht am besten*

Hammer, Dr. Matthias: *Der Feind in meinem Kopf*

Heintze, Anne: *Auf die leise Weise*

Mannschatz, Marie; Baur, Angelika: *Buddhas Herzmeditation*

Rubin, Yvonne: *Selbstbewusstsein. Mein Übungsbuch für mehr innere Stärke und Ausgeglichenheit*

Schlüter, Christiane: *Kraftquellen für den Alltag*

BÜCHER ANDERER VERLAGE

Bischoff, Christian: *Selbstvertrauen. Die Kunst, dein Ding zu machen*, Ariston Verlag

Carnegie, Dale: *Sorge dich nicht, lebe!* Scherz Verlag

Emerson, Ralph Waldo: *Gedanken*, Anaconda Verlag

Jeffers, Susan: *Selbstvertrauen gewinnen*, Kösel Verlag

Lejeune, Chad: *Gut leben – mit kleinen und großen Sorgen*, Kreuz Verlag

Mulford, Prentice: *Unfug des Lebens und des Sterbens*, Fischer Taschenbuch

Poletti, Rosette: *Das kleine Übungsheft Selbstbewusstsein*, Trinity-Verlag

Potreck-Rose, Friederike: *Von der Freude, den Selbstwert zu stärken*, Klett Cotta

Thoreau, Henry David: *Vom Glück, in der Natur zu sein*, Anaconda Verlag

SACHREGISTER

ÜBUNGSREGISTER

IMPRESSUM

© 2016 GRÄFE UND UNZER VERLAG GmbH, München. Aktualisierte Neuausgabe der Titel *Lass los, was dich klein macht* (ISBN 978-3-8338-2156-1, 2010) sowie *Lass los, was dir Sorgen macht* (ISBN 978-3-8338-2332-9, 2013), GRÄFE UND UNZER VERLAG. Alle Rechte vorbehalten. Nachdruck, auch auszugsweise, sowie Verbreitung durch Bild, Funk, Fernsehen und Internet, durch fotomechanische Wiedergabe, Tonträger und Datenverarbeitungssysteme jeder Art nur mit schriftlicher Genehmigung des Verlages.

Projektleitung: Reinhard Brendli/Ilona Daiker
Lektorat: Barbara Kohl
Umschlaggestaltung und Layout: independent Medien-Design, Horst Moser, München
Herstellung: Susanne Mühldorfer
Satz: Reemers Publishing Services GmbH
Repro: Longo AG, Bozen
Druck und Bindung: Drukarnia Dimograf, Polen

Bildnachweis

Illustrationen: Martin Haake
Weitere Abbildungen: Alamy: Seite 6; Getty Images: Seite 24, 82; Plainpicture: Seite 3
Syndication: www.seasons.agency

ISBN 978-3-8338-5300-5
1. Auflage 2016

Umwelthinweis

Dieses Buch ist auf PEFC-zertifiziertem Papier aus nachhaltiger Waldwirtschaft gedruckt.

Liebe Leserin, lieber Leser,

haben wir Ihre Erwartungen erfüllt? Sind Sie mit diesem Buch zufrieden? Haben Sie weitere Fragen zu diesem Thema? Wir freuen uns auf Ihre Rückmeldung, auf Lob, Kritik und Anregungen, damit wir für Sie immer besser werden können.

GRÄFE UND UNZER Verlag
Leserservice
Postfach 86 03 13
81630 München
E-Mail:
leserservice@graefe-und-unzer.de

Telefon: 00800 / 72 37 33 33*
Telefax: 00800 / 50 12 05 44*
Mo–Do: 9.00 – 17.00 Uhr
Fr: 9.00 – 16.00 Uhr
(* gebührenfrei in D, A, CH)

Ihr GRÄFE UND UNZER Verlag
Der erste Ratgeberverlag – seit 1722.

 www.facebook.com/gu.verlag

GRÄFE
UND
UNZER

Ein Unternehmen der
GANSKE VERLAGSGRUPPE